Wolf Ollrog

Nichts als Leben

Gedichte

Der Autor:

Wolf Ollrog, Pfarrer, Bonding-Psychotherapeut. Veröffentlichungen unter anderem: „Nie gesagte Worte" in: Deutschland und seine Weltkriege (2012); „Aus der Traum. 101 Vorschläge, wie man seine Partnerschaft vor die Wand fahren kann" (2013); „Ein Quantum Leben. Woher wir die Kraft zum Leben nehmen" (2014); „Die drei Säulen der Partnerschaft. Was Partnerschaften stabil, ebenbürtig und glücklich macht" (2015); „Wir müssen endlich reden. Die Partner-Diade – eine einfache Gesprächshilfe für schwierige Themen" (2016); „Ich hätte dich gebraucht. Nachkriegsgeschichten" (2017); „Geklopfte Sprüche. Über die Welt, die Liebe und andere unflätige Dinge" (2019); „Eine Urlaubs-liebe" (2020); „Berührung. Von der Notwendigkeit und Schwierigkeit körperlicher Nähe" (2022).

© 2023 Wolf Ollrog

Herstellung und Verlag: BoD – Books on Demand, Norderstedt

ISBN 978-3-7578-0328-5

Alle Rechte vorbehalten. Vervielfältigungen gleich welcher Art nur mit schriftlicher Genehmigung des Autors

Inhalte

Vorwort	6
1. Buch: Ich nennte es Liebe	7
2. Buch: In diese Welt geworfen	69
Fremder naher Gott	70
Schöne geschundene Erde	92
Ist wirklich Krieg?	103
3. Buch: Aufgeblätterte Tage	129
Eingebunden ins Leben	130
Unfertige Glückstage	176
Gebranntes Kind	204
Mann und Frau	216
Frühling Sommer Herbst und Winter	231
Buchengedichte	251
Nachtgesichter	268
Achtersinniges	289
4. Buch: Wenn ich auf das Ende sehe	314
Verzeichnis der Gedichte	347

Vorwort

Poesie öffnet unsre Sinne für die untergründige Seite des Lebens. Sie nötigt zum Innehalten. Gedichte sind Nahrung für die Seele. Nur in kleinen Happen entfalten sie ihr volles Aroma. Du brauchst Muße, um sie zu kosten und zu kauen. Du brauchst Zeit zum Nachschmecken.

Gedichte begleiten mich schon mein ganzes Leben, die von anderen und ebenso meine eigenen. Bereits als Jugendlicher habe ich mich an ihnen versucht.

Allermeist entstanden sie nebenbei. Ich schrieb sie nur für mich, ohne irgendeine Öffentlichkeit im Sinn zu haben. Ich habe mit ihnen meinem Herzen Luft gemacht. Nur einige von ihnen hatten ursprünglich einen Adressaten. Erst spät entstand die Idee sie zu veröffentlichen.

Die hier zusammengestellte Sammlung habe ich grob inhaltlich geordnet; sie geht nicht chronologisch vor. Viele Gedichte haben ihre Urfassung behalten; andere haben mich immer wieder beschäftigt, und ich habe sie, je nach Gelegenheiten und neuen Einsichten, bisweilen mehrfach, verändert.

1. Buch

Ich nennte es Liebe

Ich nennte es Liebe

Wenn ich dies Reißen fühle
Wenn ich mit Einsatz spiele
Wenn ich mich sehne und eile
Wenn ich gern alles teile
Wenn ich mit dir weine lache
Wenn ich Verrücktes mitmache
Wenn ich wie aufgedreht bin
Wenn mir dein Bestes im Sinn
Wenn ich auf Wolken schwebe
Wenn ich mich völlig ausgebe
Wenn ich wohl weiß es tut weh
Wenn ich auch dann zu dir steh
Wenn ich das Gute das Schlimme
Wenn ich ihm wissend zustimme
Wenn ich trotz allem noch bliebe
Dann nennte ich's Liebe

Das kleine Einmaleins der Liebe

Sagt euch ein klares Ja, und darin seid euch **1**,
den **2**fel nehmt als Preis des Wachsens und des Seins.
Und seid euch grad in schlechten Zeiten **3**,
springt ans Kla**4** und singt die alten Lieder neu
und lasst mal **5**e grade sein, auch wenn es hakt.
Dem **6** gebt munter Raum, ob jung, ob hochbetagt.
Es werden beide immer wieder was ver**7**,
dann bitte Ob**8**, und im Zwiegespräch geblieben!
Es braucht die Partnerschaft so manches ja und **9**.
Zeigt eure **10** wie eure Lust, so soll die Liebe sein.

In die Wiesen

Sommers gehn wir in die Wiesen,
mittags, barfuß, wenig an,
und vergessen unsre Krisen
zwischen Moos und Löwenzahn.

Aus dem Boden dünstet Laune,
Säfte treibend hitzt das Blut,
in den Büschen hockt Alraune,
sieht uns zu, wie gut das tut.

Die Hände meiner Mutter

Auf bloßer Haut, wenn fremde Hände
mich nehmen, bleibt mein Atem stehn.
Sie zünden in mir Feuerbrände.
Sie heben mich in Himmelshöhn.

Denn wie ich oftmals saß und gerne
als Prinz auf deinem warmen Schoß -
war auch dein eignes Sehnen ferne -,
tratst du in mir den Aufruhr los.

Und während ihm in Männerkriegen
und dir nichts zart die Haut bestrich,
hieltst du, wenn deine Träume stiegen,
mich anstatt seiner, nahmst du mich.

Wie du dann mit gespreizten Fingern
und sacht durch meine Haare zogst,
trieb es den Puls in mir zum Schlingern,
und wie du mir den Nacken bogst,

und wenn du wie vergessen leise
mir unterm Nachthemd aufwärts kamst
und auf so unerhörte Weise
dann meinen Rücken übernahmst:

Noch immer fühl ich dieses Ziehen,
dies Kribbeln, Beugen, Mich-Verdrehn,
der ganze Rücken wie ein Glühen
und ein Sich-Geben, ein Verstehn.

Ist dein Gesicht mir auch vergangen,
und lang vergessen, wie es spricht,
und selbst, wie deine Lieder klangen:
wie du mich nahmst, vergess ich nicht.

Erste Liebe

Es war auf Kritters Kopf,
der Buckelweide,
fernab vom Dorf nach Westen hin,
die Pferde standen noch im Stall,
im ersten kalten Frühling war's.

Ich saß mit blaugefrornen Beinen
und klammen Händen
dicht neben dir,
doch meilenweit entfernt.
Ich wagte nicht, dich zu berühren.

Die Sonne schob sich ohne Kraft
bald hintern Berg.
Die Kälte zog mir
schmerzhaft in die Poren,
und du verharrtest kauernd neben mir.

Ich wartete,
doch nichts geschah,
wir hockten da
und schauten in die Felder.

Dort fand ich nichts,
was Halt versprach.
So zog die Zeit
und stieg die Kälte,
doch jeder blieb,
als gäbe es nur dieses Mal.

Wir saßen eine Ewigkeit
mit wenig Worten.
Ich übte tausendfach
und wusste nicht,
wie ich es hätte sagen können,
ich wusste nur,
jetzt muss es sein.
Und du – du schwiegst
und überließt es alles mir.

Dann endlich
schob ich mich
ein wenig,
rückte dichter an
und spürte,
wie kalt du warst,
und fragte dich
und hörte gar kein Nein
und küsste dich
mit ungeübtem Mund
und wärmte dich und mich.
Und es war gut.

Die Möwen

Auf Sylt,
ein großer Sommer war's,
durchstreiften wir
die heißen Dünen,
abseits der Strände,
suchten Mulden,
wo der Hafer um uns wogte
und uns niemand fand.
Wir redeten in einem fort,
begleitet nur
vom niemals endenden Geschrei
der Möwen.

Auf Amrum
suchten wir erneut
die leeren Strände,
erzählten uns
unsere Geschichten,
liefen dabei weit hinaus,
bis, schreiend
ihre Brut verteidigend,
und manchmal im Sturzflug
uns verscheuchend
niemand mehr war, nur
die Möwen.

Auf Föhr
kam Wind auf.
Der Hafen roch
nach Fisch und Ozean.
Die steife Brise
trieb den Sand heran
und schob uns vor sich her.
Sie machte uns das Reden schwer.
Unüberhörbar,
in rasanten Schleifen,
den Wind mitnehmend,
jagten über uns
die Möwen.

Auf Hallig Hooge
bahnten wir uns eigne Wege
durch Salzmarsch
und verzweigte Priele
bis weit ins Watt.
Ausgeredet, ohne Worte
stapften wir durch hartes Gras,
vorbei an alten Nestern
und zerbrochenen Eierschalen
und scheuchten manchmal
unversehens
eine Brandgans auf.
Und stets beäugten uns
sehr aufmerksam
die Möwen.

Der Weg

Ich kenne diesen Weg genau,
und seitwärts jeden Strauch,
ich wurde längst beim Wandern grau,
die Blumen kenn ich auch.

Im Dunkeln ging ich ihn, vertraut,
und viele Mal im Licht,
hab jede Biegung angeschaut
und kenne jede Sicht.

Wie oft ich ihn gelaufen bin,
ich wüsste nicht die Zahl.
Und manchmal ist's, als säh ich ihn
trotzdem zum ersten Mal.

Schubidubidu

Du kämst vom andern Sterne
und eiltest auf mich zu,
verweiltest, nähmst mich gerne,
entwendetest mich, huh!,
verschwändest mit mir in der Ferne.
Schubidubidu.

zweifel

wenn ich
am blühenden
feldrand
verhalte

wenn ich
am nahen baggersee
kiesel
springen lasse

wenn ich
nach durchwachter nacht
das flöten der vögel
erwarte

wenn du
mich nach längerem schweigen
wieder
berührst

dann hab ich
kaum kraft mehr
zu zweifeln

Noch einmal

ich habe geträumt
nach zwei Leben
nein mehr

längst vergessene Geschichten
Schleichwege
durchs vieläugige Dorf
ein Blick ein Zeichen ein Wink
durch Gardinenspalten
Wartezeiten voller Zweifel
Schattenrisse gehen mit mir
nach Hause

Welcher Aufwand
für eine Verabredung
für eine Berührung
die vielen Anläufe
bis endlich
dein vrsichtiger Mund
kostbar
fast heilig

ich habe geträumt
nach zwei Leben
nein mehr

trafen wir uns
liefen noch einmal
lange Wege
das gleiche Gefühl
die Aufregung
die Sehnsucht
das Drängen
zwar jetzt ohne Zweifel
doch wieder
voller Vorsicht
dein Mund

Davon

Ich habe deinen Schlaf behütet
Liebster
und mich an deinen Zügen satt gesehn
eh du dich in die Lüfte hebst
und davonwärst

Ich habe meine Augen fest verschlossen
Liebste
und deinen Atem aufgesogen
eh ich mich in die Lüfte hebe
und davonwär

Berührung

Menschen, Namen, Zeiten, Orte,
Bilder, gute, böse Worte
kamen, gingen wie Verführung.
Unvergessen: die Berührung.

Ich pflückte eine Blüte

Ich pflückte eine Blüte
am Strauch nicht weit vom Haus.
Sie roch wie Aphrodite,
sie strömte Liebe aus.

Ich lobte ihre Süße,
berauschte mich am Duft.
Ein Hauch vom Paradiese
durchschwängerte die Luft.

Ich stellte sie mit Wonne
auf meinen Tisch ins Licht.
Es fiel das Licht der Sonne
von ihr auf mein Gesicht.

Sie stand da ohne Eile,
mit Stolz und üppig rot,
und war kaum eine Weile
danach schon welk und tot.

Kusshandgrüße

Ich warf dir Kusshandgrüße
und lange Blicke nach,
ich schmecke noch die Süße,
vom Scheitel in die Füße,
den Duft der Haare, ach.

Was waren das für Tage!
Verschwenderisch, bereit,
kein Zaudern, keine Frage,
ein dauerndes Gelage,
die Wege groß und weit.

Ich seh dich lachen, laufen,
ich seh dein wildes Haar,
der Wind dreht es zu Schlaufen,
lass uns die Sonne saufen,
es folgen tausend Jahr.

Der Wind hat sich vorzogen,
der Himmel packt sich dicht,
die Düfte sind verflogen,
die Wege abgebogen,
als kennten wir uns nicht.

Das Haar

Ihr Haar: so hell, so voll, so fein.
Ich griff mit leichter Hand hinein.
Sie sagte weder ja noch nein,
doch lachte sie dabei.

Gelöstes Haar, wie leicht wir sind!
Wir treiben spielend mit im Wind,
wir fassen uns von Kind zu Kind,
als nähmen wir uns frei.

Das Haar, es weht dir ins Gesicht.
Verbirg dich, du entkommst mir nicht,
und wär dein Haar auch noch so dicht!
Tanderadei.

Entscheidung

Ich weiß noch
jede Kleinigkeit,
vor allem die Distanz,
das lange Schweigen,
verworfene Versuche,
das Passende zu sagen.

Wir gingen nicht mehr angefasst.
Die Bäume,

die die leere Straße säumten,
liefen an uns vorüber.
Ein Wind pfiff übers Pflaster,
und meine Hände waren kalt.
Ich sah dich
von der Seite an
und sah, wie unbekannt
und wie vertraut du warst.
Und beides
engte mir den Hals.

Ich wusste es:
Es muss jetzt sein,
Und dass, obwohl die Angst
auf beiden Seiten lag,
es an mir war,
mich zu bekennen.

An jenem Nachmittag
sah ich nach innen in die Weite.
Ich spürte
das Gewicht.
Es stand für mich
auf Messers Schneide.

Da hab ich mich entschieden
und wusste um die Folgen.

Zwei

In irgendeiner lauten Kneipe sitzen zwei
und haben sich nur voneinander zu erzählen.
Kein Lärm, kein Seitenblick kann ihnen eine Silbe stehlen,
die sie sich flüstern und verstehen im Geschrei.

Warum du?

Du fragst: Warum jetzt diese?
Blüht sonst nichts auf der Wiese?
Ist nicht beim Um-dich-Schauen
die ganze Welt voll Frauen?
Mit vielen wär's gegangen.
Bist an ihr festgehangen.

Fängst du erst an zu kramen,
siehst du so viele Namen
an dir vorüberziehen,
so wie sie in dir blühen:
Brigitte, Ilse, Eva,
Unschuld und Genoveva,
da waren Heidi, Mike,
war die nicht kess und schnieke?
und May, die lebenstolle,
Renate, Anspruchsvolle,

die sanfte Helga, Nele,
und Gisela, die Seele,
die heftige Erdmute
tat dir so viel zugute,
die Maren ist verzogen,
Susanne ist verflogen,
Marietta mit Herzpochen
litt Liebe manche Wochen.
So ziehen in Gedanken
die Namen und versanken
im großen Meer der Träume
und füllen nur noch Reime.
Vielleicht, im andern Falle
hätt eine, hätten alle
auf ihre andre Weise
mit dir im muntren Kreise
den Reigentanz durchs Leben
gewagt, hätt sich's ergeben,
und dann, bei größrem Mute,
hätt manches andere Gute
auch möglich werden können.
Doch ist des Lebens Rennen
kein Wissen und Erkennen,
vielmehr nach vorn gerichtet;
wie man es später dichtet,
hilft höchstens zu verstehen.
Doch vorher heißt es gehen.
Betrachtend die Gestalten,
hat keine dich behalten,

auch wenn sie dich bedrängen,
bliebst du an einer hängen.
Halb Zufall und halb Wollen,
halb Wünschen und halb Sollen,
fügt mit Geheimprogrammen
das Leben uns zusammen.
Wir nehmen es und stimmen
dem Guten zu und Schlimmen,
wohl wissend, diese beiden
beim Lachen sind und Leiden,
wird's heller oder trister,
untrennbar wie Geschwister.
Wie unsre Wahl auch endet
und unser Schicksal wendet,
wir kennen nicht die Bissen,
die wir noch schlucken müssen,
wir folgen unserm Triebe,
wir schenken unsre Liebe
ganz gratis beim Erwachen
und sagen ja mit Lachen:
Dich nehme ich, sonst keine
Und sage ja, du eine.

heiße Liebe

Weißt du noch
auf Sylt
die heißen Tage
in den Dünen

weißt du noch
in Tunesien
die heißen Nächte
in der Oase

weißt du noch
auf Korsika
der heiße Fels
im Bachtal

weißt du noch
in Ägypten
die heiße Woche
am Roten Meer

weißt du noch
die vielen
heißen Male
unsrer Liebe

Wie du mich gewannst

Du hast gefragt. Wenn du es kannst,
erzähle, wie du mich gewannst!
Das war dein Leib, war deine Haut,
die waren lange mir vertraut.

So einfach, äußerlich, so schlicht?
Das Fleisch ist schlicht. Es ziert sich nicht.
Das Sich-Erkennen und Sich-Deuten
folgt später nach wie ein Enthäuten.

Am Anfang war es wohl dein Gang,
verhalten, leicht, ein Tanzgesang,
sodann, wie du gesprochen hast,
und dann: Du hast mich angefasst.

Das war so stark? Das war so wichtig?
Es war mir passend. Es war richtig.
Es war ein Fenster, eine Tür,
die standen offen, winkten mir.

Dann war's die Wärme deiner Hand,
das Weiche, Feste, zugewandt,
auch war's dein helles Frauenhaar,
das mir bekannt, versprochen war.

Ich wundere, ich frage mich:
Das war bedeutsam? Lockte dich?
Es stimmte. War für mich gemacht.
Ich hab's gefühlt, nicht nachgedacht.

Es war vor allem dein Gesicht,
das hielt mich an und ließ mich nicht,
dein Lachen, wenn es mit mir spielt
und wie es meinen Blick behielt.

Ich hing mich fest an deinen Zügen,
ich sah sie offen, ohne Lügen.
Das also war es, was dich bannte?
Es war, ich sag's, das mir Bekannte.

Die Augen warn's, es war das Blau,
es war das Grün, das Blau, das Grau,
es war die Weite und das Meer,
die holten mir den Himmel her.

Es ist ganz leicht in mich gefahren
und hielt sich frisch in allen Jahren.
Was außen scheint, erreicht mich innen,
und lässt das Ganze mich gewinnen.

Wenn ich dich anseh

Mein Leib, Verstand und Sinn:
sie kamen in die Jahre.
Die Zeit geht so dahin,
und färbt auch mir die Haare.

Allein - mein Herz bleibt jung
und nimmt es noch genau
und tut noch einen Sprung,
wenn es dich ansieht, Frau.

Was es war

Es war dein leichter forscher Gang,
der trug mich magisch mit dir fort,
nahm mich schon mit vor jedem Wort.
und ließ mich träumen nächtelang.

Es war dein offenes Gesicht,
dein schnippscher Blick, und trotzdem warm,
der mühelose kesse Charme.
Das, was du sagtest, war es nicht.

Es warn die Augen und dein Mund,
der Schalk, das Lachen, auch der Ernst,
mit dem du nah kommst, dich entfernst.
Die pflügten mir durch meinen Grund.

Und auch dein frisches, helles Haar,
das ungebündelt um dich flog
und meine Augen mit sich zog,
das meiner Mutter ähnlich war.

Der Gang, das Lachen, das Gesicht?
War nicht versteckt noch andres da,
als was man bloß von außen sah?
Wahrscheinlich schon. Ich weiß es nicht.

gewagt

Dieselbe krude Geschichte
wird immer von neuem geborn.
In jedem der tausend Gedichte
entsteht sie nicht endend von vorn.

Wir kämpfen uns schmerzhaft durchs Leben,
wir hoffen und leiden wie Hund.
Wir finden zusammen und geben
einander die Hände. Na und?

Zwei Schritte nach vorne und wieder zurück,
am Morgen voll Liebe, am Mittag verzagt,
am Abend verzweifelt, zur Nacht voller Glück.

Wie immer das Blut durch die Adern uns jagt,
ob kochend, ob kühl, ob prickelnd, ob dick:
Ein ewiges Spiel. Doch: wir haben's gewagt.

Nimm an

Nimm an, du lägst bei mir im Bett.
Du fändst mich süß und ich dich nett.
Ich wäre willig, du bereit.
Uns störte nichts. Wir hätten Zeit.

Und wie du schwiegst und ich nicht sprach
zög sanft ich deine Linien nach.
Ich nähme lustvoll deinen Kuss.
Wir wären nichts als nur Genuss.

Du triebest fort, es bräch der Deich,
ich pumpte meine Lenden leer,
wir rauschten fort und fielen weich,

es würden uns die Glieder schwer,
wir wären uns so nah, so gleich...
...wie schön das wär.

Das schwächere Geschlecht

Kann sein, dass manche Lippen schöner küssen.
Allein, der Zweifel schmälert den Genuss.
Wer wählen will, wird viele küssen müssen
und sucht noch weiter nach dem wahren Kuss.

Wenn *du* mich küsst, verlier ich just den Boden.
Es reißt mich um, es reißt mich durch und hin.
Es kribbeln mir die Haare und die Hoden.
Schon bin ich hin. Schon bin ich wirr im Sinn.

Dann will ich immer nur und gleich das eine.
Das ist geschlechtermäßig nicht gerecht.
Du kannst um Finger wickeln mich und Beine.

Du kannst mich naseführen am Gemächt.
Wenn du mich küsst, dann bin ich an der Leine
und jedenfalls das schwächere Geschlecht.

Ach du so leicht

Ach du so leicht so fest mit deiner hand
und vollen lippen weiter tust mir gut
ein suchen finden ohne widerstand
ich gebe mich du fällst und steigt die flut

So groß und unbedingt und sammelt wucht
und mühelos ein tanz wie laub im wind
wir wehen treiben wirbeln durch die schlucht
wo staunend finde keine grenzen sind

Und sinken stürzen lauthals ohne halt
und fallen tief und steigen wieder auf
die ganze kraft sind aneinander angekrallt

Wir schenken du und ich wie ausverkauf
geborsten weinend lachend urgewalt
bis alles schweigt und ruht und hört erst langsam auf

Déjà vu

Es ist wie damals, als ich mich versengte,
als ich nur kaum begriff, chéri perdu,
und meine Welt sich über Nacht verengte.
Es ist, als spräng die Zeit zurück als déjà vu,

als hätte ich noch immer nichts verstanden,
vertrautes Elend, nichts was mich erlöst,
und wissend, dass mich neuer Sturm ins Feuer stößt,
kann ich nichts tun. Ich komme mir abhanden.

Ausgelaufene Liebe

Sie kamen sich abhanden.
Die Liebe lief sich aus,
und irgendwann verbanden
sie nur noch Hund und Haus.

hau ab

hau ab
mach die tür zu hinter dir
verschwinde
aus meinem leben

ich schrie es
dir entgegen
mit rotem kopf
und gift im blick

und wünschte mir
nichts sehnlicher
als dass du bliebst
und kämst

und deine hand
wieder
an mich
rührte

Verwandlung

wenn ich nicht weiß
ob ich noch gemeint
und erwartet bin
trete ich beschädigt
in mich zurück

wenn ich zu oft
gegen dich anliebte
vor zugesperrten Türen stand
löst mein Mut
sich auf

wenn schließlich
meine Liebe trockenfällt
verwandelt sie sich
unweigerlich
in was?

Körperwahrheit

Wir kamen uns, ich weiß nicht wie, abhanden,
verloren uns kaum merklich im Gestrüpp,
und jeder pflegte seine eigne Kränkung
und folgte trotzig seinem eignen Trip.

Wann lagen wir zuletzt noch beieinander?
Wie fühlte es sich an, von dir gemeint,
von dir berührt und dich berührend,
und Haut an Haut uns haltend und vereint?

Wie war das, als in deinen Armen liegend
ich unverwandt in deine Augen sah,
und doppelt kraftvoll Leben in uns pulste
und ungeteiltes Wissen: wir sind da?

Ich gebe meiner Seele keine Chance,
Ich habe mich verriegelt und vermint,
und eingesperrt in Streitsucht und Verletzung
tut jeder lieber das, was keinem dient.

Mein Körper allerdings besteht
auf dem, was er zum Leben braucht,
was ich noch weiß aus allerersten Tagen,
als ich in Körpernähe eingetaucht

von Mutters Leibe ganz umgeben war.
Mein Körper weiß noch, was ihm gutgetan.

Die Wahrheit ist: Du kannst mir geben,
was ich mir selbst nicht geben kann.

So oft tat es mir gut, kamst du mir wieder nah.
Es reichte manchmal schon ein kleiner Blick.
Mein Körper ist korrupt und nicht nachtragend
und wählt den kurzen Weg. Zum Glück.

aus dem Bild gefallen

An manchen Tagen gehst du mir verloren;
dann schwindet hinter Falten mein Gesicht.
Ich blicke hin, doch bleibt nichts in mir hängen.
Ich schau dich üblich an und seh dich nicht.

Mir ist, als wärst du aus dem Bild gefallen
und wärst verschleiert wie verwaschne Schrift.
Zwar bist du da, doch ich kann nichts erkennen
und finde nichts in mir, was dich betrifft.

Ich suche dich und kann mich selbst nicht finden.
Ich greife zu auf das, was sich nicht zeigt,
wie einer, der erblindet und nur tastet,
und fürchte mich vor dem, was in mir schweigt.

Karussell

Was soll ich sagen? Ist es doch wie immer:
Wir streiten uns, bisweilen auch verbissen.
Und manchmal schreien wir und schmeißen Kissen
und machen es mit jedem Satze schlimmer.
Und dann stürzt auch mal einer aus dem Zimmer.

Wir machen Pause bis zur nächsten Runde,
und jeder hofft, dass es nun besser geht,
wohl wissend, wie das Karussell sich dreht.
Es schlägt die Liebe manche Wunde,
Sie heilt. Schmerzt wieder. Ihr versteht.

Liebe und Hass

Liebe, Hass,
wer lehrt mich das,
umkreisen sich.
Sie speisen sich
auf Leben, Tod
mit gleichem Brot,
im andern Spiel
das gleiche Ziel:

Ich finde dich,
ich binde dich!
Wie treff ich dich,
wie äff ich dich,
wie werd ich dir
zum wilden Tier?

Es tut seit je
die Liebe weh.
Sie haut und keilt,
eh sie dich heilt,
sie übt Gewalt,
sie tröstet bald,
schlägt wieder zu.
Nie gibt sie Ruh.

Als du gegangen warst

Als ich sah,
dass du gegangen warst,
erstarrte ich und konnte es
nicht glauben.

Als ich begriff,
dass es dir ernst war,
erhob sich in mir
hilflose Panik.

Als ich erkannte,
dass ich hilflos war,
verlor ich allen Mut
und kroch in mich.

Als ich verstand,
dass ich mich selbst
verloren hatte,
gab ich mich auf.

Erfroren

Vergangnen Winter sind die Augen mir erfroren.
Sie wurden härter. Beinah merkte ich es nicht.
Ich habe dich ganz nebenbei verloren.
Mir fehlte eines Tages dein Gesicht.

Abschied

Jetzt muss ich gehn. Die Zeit ist da.
Wir hatten gute Stunden.
Wir waren uns mitunter nah
und haben uns verbunden.

Ich dachte, was uns teuer war,
wir könnten es behalten,
und weiß, es wird nach Tag und Jahr
allmählich doch veralten.

Was immer war, was wird und ist:
es kommt und geht im Flusse
und leuchtet auf und gibt uns Frist
zu einem zarten Kusse.

Ihn schmeckend geh ich gern und schnell,
ich ziehe leicht und heiter,
und nach mir dreht das Karussell
im gleichen Schwung sich weiter.

Die andere Wahrheit

Wie Schicksal kommt es über uns, in Wellen
und aus Gründen, die ich nicht versteh.
Wir treffen zielgenau in unsre wunden Stellen
und schlagen uns mit bösen Worten weh.

Beschädigt hab ich mich in mir verkrochen,
verletzt, gekränkt. Ich gehe keinen Weg hinaus.
Ich kann mich über Stunden, Tage, Wochen
verstecken und verschweigen wie im Totenhaus.

Ich hab die Nacht geträumt, einen luziden Traum.
Wir lagen beieinander, liebten uns mit Lust.
Ich wusste wohl, doch rührte es mich kaum,
von unserm Streit und meinem tiefen Frust.

Er hatte sich, ich weiß nicht wie, verkleinert,
und machte einer andren Wahrheit Platz.
Und bin ich auch nach außen noch versteinert,
nach innen höre ich nur diesen einen Satz:

Hier bin ich, und du kannst mich wieder haben.
Es fiebern meinen Zellen zu dir hin.
Was kümmert mich der ausgehobne Graben,
wenn ich nur weiß, dass ich mit dir verbunden bin.

Vorbei

Du gehst. Ich gehe. Es ist ein Gehen
wie ein Lassen
ohne zu verstehen.
Und die Verlockung, nun zu hassen.

Es ist vorbei. Das letzte Wort
fegt unsre Träume
wie Verbrauchtes fort
und hinterlässt verwaiste Räume.

Zu spät: Das letzte Spiel ist aus.
Es ist vertan.
Ich laufe durch ein Trauerhaus
und weine, klage, klage an.

Ich forme Sätze, die belasten,
die misslingen.
Was früh wir nicht erfassten,
lass ich in späte Wörter springen

und finde kein Entkommen. Es tut weh.
Betend, fluchend
leb ich mein Gethsemane
allein, nach Antwort suchend.

du bist gegangen

zerbrochene worte
geschwärzte sätze
blutlose lippen
trockene tränen

als endlich wut aufstieg
kam auch mein blut zurück
ich habe getobt
und geschrien

ich habe angeklagt
erst dich
dann mich
dann wieder dich

ich habe
jedes wort zerlegt
gedanken zahllos nachgedacht
zumeist die bösen

nun bin ich
heiser
leergespült
und ausgetreten

ich finde
keine griffe mehr

am horizont
und auch nicht in mir selbst

langsam
geht die zeit
besonders
in den nächten

Der letzte Halm

Als ich
mich
leergestritten hatte
kroch ich
in mich

Als ich
allein war
genoss ich
die unerhörte
Stille

Als
die Stille
anfing zu schreien
stieg Angst
in mich

Als ich
in Panik geriet
griff ich
zum letzten
Halm

Ich wählte
wieder
den streit
und war
nicht mehr allein

Dornröschen

Röschen schläft in Rosenhecken,
lässt die Männer drin verrecken,
einer schafft's am Ende dann,
küsst sie, wird zum Lohn ihr Mann.

So , dass du's im Kopfe hast,
unser Märchen, kurzgefasst.

Ach wie viele junge Recken
bleiben in den Hecken stecken,
fürchten Zauber nicht und Nornen
und verbluten in den Dornen!

Angelockt vom Duft der Rosen
träumen sie vom Küssen, Kosen,
folgend jenem alten Triebe,
dem versteckten Teil der Liebe.

Immer geht es um das eine.
Röschen bleibt lieber die Kleine.
Will in dichten Dornenhecken
ihre Scham angstvoll verstecken.

Wollte einer sie bedrängen,
bleibt sein Dorn in Dornen hängen.
Schützend sich im Kinderschlaf,
bleibt sie fromm und rein und brav.

Ach da musst du lange warten,
willst du in den Rosengarten,
kämpfend geht die Zeit dahin,
Jahr um Jahr kein Landgewinn.

Hundert Jahre Dornenreisen
lassen Lust und Kraft vergreisen.
auch Dornröschen bleibt nicht jung,
altert in Verzauberung.

Was man noch erwähnen muss:
Nichts verändert bloß ein Kuss.
Muss man um den andern kämpfen,
wird das Lust und Liebe dämpfen.

Allein: wie sehr der Weg beschwerlich,
bleibt der Mann doch stets begehrlich,
und die Rosen duften weiter.
Ach, wir werden nicht gescheiter.

Rapunzel

Rapunzel heißt ein leckres Kraut.
Es wurde, wie das Kind, geklaut.

Das eisenhaltige Gewächs
verspricht dir Kinder, schärft den Sex,
es wächst so schön in Nachbars Garten.
Die Frau, sie will nicht länger warten,
ein Kind, das ist ihr Lebensziel,
sie will das Kraut, je mehr und viel.
Der Mann macht mit und muss es holen,
hat es der Nachbarin gestohlen,
und dieses ist ihr Preis dafür:
Das Kind gehört dann später mir.

Die beiden Frauen, sie vereint
dieselbe Gier, so wie es scheint,
sie klauen sich, mit Trug und Witz,
ein Kind, als wär es ihr Besitz.
Das Märchen sagt es nicht genau,
doch ist's im Kern dieselbe Frau.

Rapunzel – fragst du, wie's ihr geht?
Sie wächst, dass es zum Besten steht,
behütet auf, geliebt, gelind,
und wird das allerschönste Kind.
Noch sind es unbeschwerte Jahre,
ihr wachsen lange goldne Haare,
die Zier der Frauen schmückt ihr Haupt.
Nur eines ist ihr nicht erlaubt:
Als sie das Weibliche entdeckt,
wird sie im hohen Turm versteckt.

Die Mutter wacht wie Cerberus,
doch kommt es, wie es kommen muss:
ein Mann. Er findet das Versteck
und klaut erneut das Mädchen weg.
Er schiebt sich zwischen, spaltet sie,
die Mutter-Tochter-Harmonie.
Die Mutter tobt. Die Tochter weint.
Allein im Turm sind sie vereint.
Am Ende siegt der Lauf der Welt,
den keine Muttergier aufhält.
Doch büßt die Tochter bis zur Bahre,
verliert zur Strafe ihre Haare,
das Männliche bis unters Hemd,
es bleibt ihr ungeheuer fremd.

Hänsel und Gretel

Ausgesetzt im dunklen Wald
von ihrer Mutter, herzlos, kalt,
nur ein paar trockne Hartbrot-Bröckchen
im Beutel und im Schürzenröckchen,
fasst Hans die Gretel an der Hand
mit Männermut und Kindverstand.

Ach Gretel, auch wenn du dich bangst,
ich bin dein Held, hab keine Angst,
als Mann ist es mein Privileg:
Ich finde immer einen Weg.
So sprach der Bruder und ging los,
und tat, als wäre er schon groß.

Es sucht im finstren Wald des Lebens
der Mensch den Ausgang oft vergebens.
Er denkt vielleicht, er sei patent,
und sieht nicht, wie er sich verrennt,
doch kommt es meistens, wenn nicht immer,
wie wir nun sehen, noch viel schlimmer.

Der Hänsel findet nicht hinaus,
doch finden sie ein Hexenhaus,
und eine Hexe lädt sie ein,
lockt sie mit Süßem ganz hinein,
und kaum sind sie hineingegangen,
sind sie verraten und gefangen.

Wie süß schmeckt uns doch Mutters Brei!
Er ruft die tiefste Lust herbei.
So schnappt die Hexenfalle zu,
die Mutter lässt uns nie in Ruh.
Jetzt zeigt sie, wer sie wirklich ist:
die Frau, die ihre Kinder frisst.

Den Hänsel hält sie streng gefangen
und mästet ihn mit Herzverlangen.
Es päppeln Mütter immer schon,
anstatt den Mann lieber den Sohn,
und bleiben mit ihm sehr geschickt
ein Leben lang geheim verstrickt.

Wird der Kontakt später geringer,
greift Mutter gern nach jedem Finger.
Die Kinder, gleich, wie groß, wie alt,
sie spüren immer die Gewalt.
Sie kommen aus dem Mutterschoß
auf Tod und Leben nie ganz los.

Das Grauen vor der Türe lungert:
Die Mutter frisst sie, weil sie hungert,
ein Hunger aus der Kinderzeit,
wo ohne Mann und Sex und Streit
sie selber noch am Busen hing
und Liebe durch den Magen ging.

Das Märchen demonstriert und lehrt uns:

Die gute Mutter stillt und nährt uns.
Als Hexe schickt sie uns zwar fort,
doch folgt sie uns an jeden Ort,
lässt uns nicht gehn, sind wir auch groß.
Wir kommen niemals von ihr los.

Wer nicht mit List und auch Gewalt
sich lösen kann und selbst nicht krallt,
der findet niemals aus dem Wald
ganz gleich, wie groß er ist und alt.
Schaust du nach hinten wie versessen,
wirst du am Ende aufgefressen.

Lummerland

Ein Mädchen wuchs in Lummerland,
da kam ein Wassermann daher.
Er warb um sie. Soweit bekannt,
ließ sie ihm endlich freie Hand,
und er verschwand aufs Meer.

Dem Märchen die Pointe fehlt,
bis auf zwei kleine Glossen:
Sie hat sich später gut vermählt,
doch alle Kinder, wird erzählt,
trugen am Fuße Flossen.

Erkennen

Am Anfang
schauten wir uns
aneinander
satt

wir waren überwältigt
von dem Gleichen
das wir sahen
und verstanden

als unser Blick
sich weitete
entdeckten wir
was alles wir zuvor nicht sahen

und uns beäugend
erschreckten wir
und starrten hilflos auf
das Unverstandene

wir lernten Abstand nehmen
voneinander
und halfen uns damit
vorbeizusehen

dann später begannen wir
schmerzhaft und mühsam

uns als fremde
wieder zu betrachten

und wir erkannten uns
von Weitem neu
und Abstand wahrend
kamen wir uns nah

Nähe und Distanz

nur verschieden
sind wir uns verbunden

nur von weitem
erkennen wir uns ganz

nur getrennt
bleiben wir uns nah

Das Kohl-Sonett

Mir ist, tönt Helmut Kohl nach dreißig Ehejahren,
nichts Menschliches mehr fremd an meiner Frau.
Es klang im Interview so abgeklärt und lebensschlau
und ging mir nach und ist mir quergefahren.

Gewiss, man kennt und tut sich gut - und auch zuleide;
doch was er kennen wollte, war nicht sie.
Er gab uns ungewollten Blick in seine Phantasie.
Der Mann beschreibt uns seine Eingeweide:

So gerne würd ich dich, die mit mir geht, durchschauen,
ich, der dich bestens kennt bis unters Hemd,
es nähme mir die Angst vor jenem tiefen Grauen,

das mir die Nackenhaare borstig kämmt:
Kann ich denn mir – wie soll ich dir vertrauen?
Wer bist denn du? Du bist mir ach so fremd.

Vom Eheleben

Das Eheleben saugt die Kraft
aus Sex und Lust und Leidenschaft,
denn nichts lässt diese mehr entarten
als was wir stets von ihr erwarten.

So zieht sich täglich mit Geschick
die Lust des Leibes mehr zurück,
bis eines Tages, ganz entleibt,
nur noch die Ehe übrig bleibt.

Am Rande

Reglos verschränkt, am Rande des Geschehens,
verharrt er unentschieden, ob er bleiben
wolle, bald des Sehens oder Stehens
müde, mäßig interessiert. Indessen reiben
seine Finger unentwegt mit immer gleichen
feinen Griffen über seinen Arm,
als wäre etwas Raues glattzustreichen,
als würde ihm im Leib etwas nicht warm.

Die Leiden des Herrn

Die Welt ertrinkt im Weiblichen.
Das Wippen ihrer bunten Blusen
durchwabert ihn und sammelt Flusen
im leider Unbeschreiblichen.

Die Röcke klettern in die Höh
und geben Raum für Nachtgedanken.
Sie bringen ihm den Schritt ins Wanken.
Vom Wegschaun tun die Augen weh.

So fordert es des Lebens Tücke,
verschreibt der Phantasie Geduld.
Doch öffnet sich dem Hungerblicke

des Herrn Kaplan, und ohne Schuld,
vielleicht im Beichtstuhl eine Lücke,
gönnt ihm ein Weilchen ihre Huld.

Urlaub

Ich gebe zu
jedes Jahr
träume ich
wenn Urlaub ist
schiene uns
Sonne ins Herz
nur weil wir

nach Süden fahren
wo die Sonne
heller lacht
als sonst

Und dann stelle ich fest
es ist wie immer
genau genommen
noch etwas schwieriger
mit dir und mir
als sonst

im Koffer eingepackt
für ein paar Wochen
Zeit für einander
Lust aufeinander
gesammelte Erwartungen
stehn wir uns
auf engem Raum
noch ein bisschen mehr im Weg
als sonst

Dann streiten wir
und wir
versöhnen uns
wie immer
bloß
in schnellerer Abfolge
als sonst

allein

niemanden sonst
ließen wir
so eng
an uns

aber
je vertrauter
wir uns wurden
du und ich

desto mehr
entdeckten wir
wie wenig
wir uns kannten

verbunden
gehen wir
die längsten strecken
unsres lebens

nicht zu zweit
wie wir es dachten
sondern
allein

ach was liebe

ach was liebe
nur geschiebe
und geklumpe
in der pumpe

besser bliebe
ich gewesen
annem tresen
stehen lumpen
mittem humpen

leergedacht
schleicht die nacht
harte hiebe
leichte liebe
nichts was bliebe
kehrt der Besen
ist vollbracht

Schunkelsuse

Schunkelsuse,
alte Schluse,
oben hui
und unten pfui.

Bei Budikern
und Musikern
in der Stampe
hängt die Schlampe,
gießt sich einen auf die Lampe

Liebeslied

Ein halbes Jahrhundert
sind sie verbunden
und alle gratulieren.

Wie viele Male
waren sie allein
haben sich weh getan
aneinander
vorbeigeredet
sich angeschwiegen
und auch schon mal
mit Trennung gedroht

ganz offensichtlich
lieben sie sich

Danach

Ich werde,
hab ich dir gesagt,
es gibt genügend Gründe,
vermutlich vor dir gehen.

Mir war es immer klar,
mein Leben
reicht nicht
für die ganze Länge.

Ganz anders du.
Es werden, denke ich,
noch andre Jahre
für dich kommen.

Vielleicht
tust du dich schwer
in leeren Räumen
und suchst nach neuem Halt.

Geh wie du gehst.
Ich schaue dir
mit Liebe zu.
Du bist mir nichts mehr schuldig.

Wir hatten unsre Zeit.
Ich bleibe dir vertraut
im Leben
und im Tod.

M-Monolog
für Mechthild zum 60. Geburtstag

Meine mitfeiernden, Mechthild-begeisterten Mitanwesenden! Merkt meine M-Verliebtheit! Macht mir Mut! Meditiert mit mir – möglichst milde mithörend – meinen M-Monolog!

Mechthild, meine Morgenschöne! Meine Mittagssonne! Mein Mitternachtsmond! Meine Mannessehnsucht! Meine Mitstreiterin, Muntermacherin, mobilgebliebene Mutter, minniggeliebte Mustergattin!

Mag mir mein mit mancherlei Mängeln, manchen Merkwürdigkeiten, manchen Mutwilligkeiten mäßig modelliertes Machwerk möglicherweise misslingen; mag man meine mitunter maniristische Marotte monieren, mir maliziös madig machen, mag man meinen Maximal-Mut missbilligen, meiner Meistgeliebten mit minderbemittelten Möglichkeiten meine Minne mitzuteilen – *mich* motiviert mein manchmal monströser, manchmal markanter, mitunter möglicherweise mitreißender Minnevortrag. Mit minimalen Mitteln möchte mein Machwerk maximales Mitempfinden, Mitfreuen, Mitdenken, Mitschwingen möglich machen.

Meist müssen Männer mitpartnerin-suchend mächtig malochen. Manchmal machen Männer maximale Minus-Erfahrungen. Man möge mal mitüberlegen: Mit mancher Megäre macht man's männlicherseits maximal mehrere Monate; mal Meduse, mal Mamsell, mal mannequinmäßiges Modepüppchen, mal Mauerblümchen, mal machtbesessene, manipulierende

Managerin, mal mannstolle, männermordende, messerwetzende, Männerverführerin – manche miese Machenschaft meuchelt munterste Minnebedürfnisse, macht's minnewilligen Männern mühevoll. Mithin meide man mutzehrende, mürbe machende Minnemühen! Man misstraue Maximalansprüchen. Man meide Mausefallenbeziehungen, Muss-Ehen, misslingende Machtkampfverwicklungen, müde machendes Moralaposteltum, myriadenlange Medien-Rosenkriege. Man meide Massaker, melancholisches Märtyrertum, markzehrenden Masochismus. Man meide menschliche Mann-Frau-Miseren. Mensch Männer, möchte man manchmal mahnen, memento mori, marschiert mutig monogam!

Manchmal mithindoch macht meinesgleichen Mirakel-Erfahrungen. Manchmal mobilisiert Minne Märchen-Momente. Mich motivierte meine minnetolle Muse, machte mit mächtigem Meisterschuss, mittherzig maßgetroffen, meine Mannessehnsüchte munter. Mutwillig mitgerissen müssen meine Moleküle mitmachen, mitfiebern, mittanzen, muss meine Mitte moussieren.

Medames et Messieur, merkt mithörend meine Malaise: Mit magischer Macht, mit mystischen Momenten machte mich Mechthild minneabhängig, machte mit maßlosen Mitteln mein Männerherz mobil.

(1) Man memoriere munterweg mal Mechthilds männerverführende Musikalität. Meilenweite Motorstrecken machen mitunter Menschen, möchten mit Mundbläserin Mechthild musizieren, möchten mit mancherlei Musikstücken, mal mit Motetten, mal mit modernen Melodien musikalische Meisterstücke miterlebbar machen.

Mutmaßlich machen Menschen millionenjahrlang mundgeblasene Musik, mobilisieren mit metaphysischen Mitteln menschliche Mitgefühle – mal muntermachend, mal melancholisch. Mich meinerseits macht Musik milde, mitteilsam, mitfühlend, mitgehend, mitfließend, männlich marschbereit.

Mechthild, Musenkind, mitunter Meisterflötistin: Mach mir Musik! Musikhungrig memoriert mithin mein Mitternachtsgebet: Mögen mehr mundgeblasene Melodien meine müden Männerohren massieren! Möge Mechthild mehr Musik machen!

(2) Mehr muss man mitstaunen, macht Mechthild Menschentheater. Managerin, Mitgestalterin, Mitorganisiererin, mitwirkende Mime, mit Masken, mit Mänteln, mit malerischen Mischfarbtüchern macht Mechthild mal modernes Mehrpersonen-Theater, mal märchenhaftes Minimal-Schattentheater, mal mephistophélisches Marionetten-Schwarzlichttheater.

Mechthild, meine Muse: mobilisierst Mitmachbegeisterung, machst marode Missmut-Schüler munter, motivierst mit Mitmachtheater, mit menschlichen Metamorphosen, mit mitreißenden Motiven, mitunter mit magischen Momenten, machst manchem missgelaunten Miesepeter Mitmach-Mut!

(3) Möchte man mehr Mechthilds mitarbeitende Medaillenseite mitbekommen, muss man mal, mäuschenmäßig mitlaufend, Mechthilds Malochetag miterleben. Mancherlei müdemachende Multi-Pflichten, magenbeschwerden-fördernd, mitunter meschugge machend, markieren Mechthilds Milieu. Multiple Mitarbeiterkonferenzen, methodisch mitunter mangelhaft, manche mitmenschliche Maximalerwartung, mancherlei missratene, miss-motivierte Mehrbelastung, Maßgabe, Mitteilung, machen Mechthilds Mornewegschul-Alltag mitunter

marathonlang, morgens, mittags, mitternachts, manchmal mengenmäßig mausetod-machend – Markenzeichen mitverantwortlicher Muss-Menschen. Myriaden Merkzettel machen Mechthilds Marathon-Tag missliebig.

Merkzettel mag man mitmenschlich mögen. Mich meinerseits motivieren Madams *Minne-Merkzettel* meistens, möcht's mitnichten missen. *Muss-Zettel* mithin machen menschliche Minne müde. Muss-Zettel missbrauchen menschliche Mühe, meucheln mehrheitlich Motivation.

Manchmal malträtiert mich Mechthilds Maloche, macht mich mürbe. Manchmal marginalisiert mich Molochmonster Mornewegschule mit Mitbewohner-missachtenden, müdemachenden Mammutpflichten; memoriere mithin mühlenartig mein Mantra, male mauerwärts mein Menetekel: Maximal-Maloche macht Menschenminne mausetot!
Merke: Müssen macht Marathonarbeitstage. Müssen macht müde. Mechthild, mach mal Menopause! Morgen möglicherweise mehr! Mittendrin müssen Mitmach-Momente Menschen mental munter machen. Mach mehr mit Männe! Mach mehr mit Minne! Matratzenpausen machen Menschen manchmal mopsfidel.

Misslicherweise muss man, möchte man Mechthilds mühevollen Maloche-Alltag mitfühlen, Mechthilds Misere, Marotte, Malaise mitbetrachten: multipel sich mehrend müllen Materialien Mechthilds Mansarde mit metastasenbildenden Miniablagen, missbrauchen Mobiliar, malträtieren Mechthilds Mansardenfußboden, mittendrin manchmal Mini-Inseln. Meterhohe, mengenmäßig mutlos machende Materialsammlungen, Medienpakete, Musterprospekte, Mappentaschen, mottenbeutel-verpackt, mancherlei

manövrierunfähig machende Möksachen, mitunter
motivationstötend, markieren messiemäßig Madames Mansarde.

Makaberes Motto: Mit Mechthild macht man Mobiliar marginal.
Minnemäßig muss man mitleiden. Mensch Mechthild, möchte
man mutmachen, mach mal Müllentsorgung. Mehren macht
Mühe. Mindern motiviert mehr.

(4) Möchte mancheiner mehr Mechthilds Mitmenschseite
miterleben, muss man mitwissen: Menschliche
Momentbegegnungen motivieren Mechthild mächtig.
Mitdenkerin, Mitfühlerin, Mitarbeiterin, Mitwisserin: Mechthild
mischt mit. Mitmenschliche Mitteilungen machen Mama munter.
Mittenmang macht Mechthild mobil; mal mit Macherdrang, mal
mitverantwortlich mutmachend, mal mit mitfühlenden
Muttergefühlen, mal mit manifesten Mitteilungsbedürfnissen.
Multitelefonierbegabt, mitfamiliär multi-kontakthaltend,
markieren mobile, menschlich-leichte Miteinander-Erfahrungen
Mechthilds Mitteilungsgemengelage.
Merke mithin Mechthilds Motto: Mittendrin mag Mama maximal.

Muss man mehr Motive mitbenennen, mitwissen, mitverstehen,
meine magisch-mystische, meine manische Mechthild-Minne
mitzufühlen? Mancherlei mehr mag man mitheranziehen,
manches Mirakulöse, Mitreißende, Musengleiche, manche
minnigliche Mutwilligkeit mitteilen, manche melodramatische
Machtkampfstunde memorieren, manches mondbeschienene
Mitternachtsmärchen, manche mordsspannende
Mechthildgeschichte mitteilen: Mithin – mein mittlerweile
matterwerdender M-Wortevorrat macht mich mählich mundtod.

Möge meine M-Marotte manchen Mitgast mitfreuen, möchte mancher mutig miteinstimmen, möchte mitanstoßen, mit mir minnevoll mitrufen:
Merci, muntere Mitsechzigerin, Musenschöne, Mitgenossin, Mitspielerin, Mitarbeiterin, Muster-Mama, Marathonehefrau, Merci Mechthild!

2. Buch
In diese Welt geworfen

Fremder naher Gott

Jakob am Jabbok (Gen 32,23–33)

Es kämpfte Jakob einst am Jabbok
mit einem Dämon namens Gott.
Er rang mit ihm die ganze Nacht.
Es war ein wilder, wüster Kampf,
er tobte ohne Sieger hin und her,
und als der Morgen graute,
war jeder der Erschöpfung nah.
Doch Jakob hinkte fortan an der Hüfte.

Geflohen war er in ein fernes Land
vor seinem Bruder,
den er betrogen hatte
um Erstlingsrecht und Erbe
und den Segen seines Vaters.
Den Täter zieht's zurück zum Ort der Tat.
Nach vielen Jahren kehrt er heim,
hofft auf Versöhnung.

Dem Bruder konnte er dereinst entkommen,
doch nicht dem Dämon in sich selbst.
Der holt ihn ein am Jabbok,
wie viele Jahre auch verstrichen sind.
Der einst dem Bruder seinen Segen stahl,
erbettelt nun,
eh er das letzte Flußtal überquert,
von seinem Gott zum zweiten Mal
den Segen.

Der tut's erneut und lässt ihn leben -
und schlägt ihn sichtbar,
dass er fortan hinkt,
auf seine Hüfte.

frohe Botschaft (Mt11,5)

Bist du der,
auf den wir sehnlich warten,
der uns den Himmel öffnen kann?
So fragte einst der Wüstenprediger Johannes.
Schaut selbst, entgegnet Jesus,
und sagt ihm,
was ihr seht und hört:

Blinde können wieder sehen.
Lahme können wieder gehen.
Tauben kommt Gehör zurück,
Aussätzige werden geheilt.
Mehr noch: Tote werden lebendig
und die Armen
hören eine frohe Botschaft vom Leben.

Was für eine Antwort!
Nie gab es eine Welt
ohne Blinde, Taube, Lahme,

ohne Ausgesetzte oder Arme,
den Bodensatz des Lebens,
Und ist nicht noch dramatischer
die innere blinde, lahme, taube,
ausgesetzte und verarmte Welt?

Ist diese Welt nicht voll non Menschen,
die blind sind für das Wichtige,
geblendet von dem,
was man für wert und nötig hält,
blindlings folgend dem,
was alle tun oder andere ihnen sagen,
Menschen mit stumpfen Augen,
Sehende, die nichts sehen –

Ist diese Welt nicht voll von Menschen,
die nicht vom Fleck kommen, Gelähmte,
erstarrt in Partnerschaft, Beruf und Alltag,
festgekrallt an Vergangenem,
festgehalten von Besitz und Gier,
festgelaufen in unerfüllbaren Träumen,
ohne Kraft, sich zu bewegen
und eigene Schritte zu tun –

Ist diese Welt nicht voll von Menschen,
die taub geworden sind,
zugedröhnt vom Geschrei des Alltags,
von Dauerbeschallungen,
Musikgedröhn und Straßenlärm,

wahnsinnig vom inneren Ohren-Klingeln,
Taube, allein in einer totstillen Welt,
die wie fremd vorüberzieht –

Ist diese Welt nicht voll von Menschen,
die wie Aussatz behandelt werden,
abgeschoben, übergangen, ausgeschlossen,
nicht berührt und unberührbar,
versehen mit einem Stern auf der Kleidung,
mit einer Maske vor dem Gesicht,
wie jemand, der infiziert ist,
vor dem man sich schützen muss –

Ist diese Welt nicht voll von Menschen,
die, todkrank am Herzen,
kalt von innen her,
in einer kalten, unachtsamen Welt
den Platz für sich nicht finden,
und deren Lebensmut erloschen ist,
für die der Alltag alle Farbenkraft verlor,
in deren Welt bloß Grabesstille herrscht –

Ist unsre Welt nicht mehr denn je
auch eine Welt der Armen
und Entrechteten und Ausgebeuteten,
der Hungerleider, Habenichtse,
um ihr Überleben Kämpfenden,
und derer andrerseits,
die innerlich verarmten,

die ohne Zukunft, Träume, Perspektive,
sich schon aufgegeben haben?

Ihr, das behauptet Jesus,
seid nicht abgeschrieben!
Euch allen sei es angesagt:
Der Himmel, kaum zu glauben,
öffnet sich für euch! Kommt her! Schaut hin!
Für euch ist neue Hoffnung unterwegs!
Es ist noch Leben drin im Leben!
Was für eine Botschaft!

Eine kurze Geschichte der Blindheit

nicht sehen wollen
nicht sehen dürfen
nicht sehen können

sehbehindert
nachtblind schneeblind farbenblind
im Dunkeln tappend
ein Blinder mit dem Stock

Blindfisch
blindes Huhn
blinder Passagier
Blindgänger

blindgläubig betriebsblind
blind vor Liebe
blind vor Wut und Hass
in blindem Eifer
geblendet
blindlings
blinder Alarm

abgeblendet
ausgeblendet
verblendet
erblindet
blind

erblindend

als stündest du im Nebel
werden alle Linien weich
das Harte schwindet
aus der Welt

und auch die Farben
büßen ein
verschwimmen
und verblassen

Gesichter werden flach
und grauen ein
den Augen
fehlt der Glanz

die Welt um dich
verliert die Unterschiede
wird gleicher
und entzieht sich dir
sie dunkelt nach

auch du verdunkelst
siehst im Innern
nach dem Licht

Blindschleiche

Der Verlust
des Sehens
erfolgt
in Prozentschritten
beim Sehtest
vor dem
Lesegerät
des Augenarztes

Du nimmst es
wie ein Spiel
noch kannst du
alles sehn
und deine Welt
bleibt bunt

geschwisterlich
ohne Protest
ersetzt
das andre Auge

was dem einen fehlt
du siehst
und schaust nicht hin
gelegentlich
benötigst du
im Abstand der Bewilligung
der Kasse
eine neue Brille

Noch bleibt die Welt
erleuchtet
das meiste
kennst du gut
du schlängelst dich
so durch
Schleichend
wirst du blind

stille Welt

Man sieht es ihm nicht an.
Er hört zum Glück
den Lärm der Straße nicht
und kann nachts ruhig schlafen.
Doch hört er auch das Auto nicht,
wie es von hinten kommt.
Zwar nervt ihn nicht das Telefon,
doch weiß er nichts vom Frühchoral der Vögel,
vom Meeresrauschen und dem Klang des Waldes,
und nicht, dass eine Mücke ihn umschwirrt.
Er hört den Streit der Nachbarn nicht,
doch auch nicht, was der Partner sagt.
So viel füllt uns die Ohren,
und manchmal möchte man
den, der nichts hören kann, beneiden.
Welche Wohltat für die Ohren,
für die Sinne, still zu sein!
Doch wie geht Leben ohne Klänge,
ohne Lieder und Musik?
Wenn in der Welt des Tauben
einzig Schweigen herrscht?

Jesus

(1)
Ich glaube,
dass es Menschen gab
und immer geben wird,
ein paar berühmt gewordene
und auch ganz unbekannte,
längst vergessene,
die, erschüttert von der Weite
und der Kraft des Lebendigen,
von der darin geballten Liebe
zu erzählen wussten.
Einer von ihnen war vermutlich Jesus.
Ihm glaube ich.

(2)
Ich glaube,
dass es Menschen gab
und immer geben wird,
ein paar berühmt gewordene
und auch ganz unbekannte,
längst vergessene,
die sich getragen wussten vom Leben
und deshalb lieben konnten,
nicht nur die Starken, Schönen, Guten,
auch die Schwachen, Unscheinbaren und die Bösen.
Einer von ihnen war vermutlich Jesus.
Ihm glaube ich.

(3)
Ich glaube,
dass es Menschen gab
und immer geben wird,
ein paar berühmt gewordene
und auch ganz unbekannte,
längst vergessene,
die, mit sich selbst im Reinen,
nicht verführt von Macht und Gier
und frei von Geltungsdrang
und Helferphantasien,
das Leben feierten.
Einer von ihnen war vermutlich Jesus.
Ihm glaube ich.

ich glaube

(1)
Ich glaube,
dass ich mich,
verbunden über lange Ketten derer,
die mir vorangingen,
die je auf ihre Weise
das Leben weitertrugen,
Gott verdanke,
wie ich ihn verstehe,

der selbst das Leben ist und formt.
Vom ersten Pulsschlag an
und alle Tage neu
betrachte ich mein Leben
als Geschenk.

(2)
Ich glaube,
dass mir Gott,
wie ich ihn verstehe,
nahe ist wie Mutter und wie Vater,
die mir das Leben weitergaben
in Liebe und in Angst,
das Leichte und das Schwere,
nährend und zehrend,
heiter und bitter,
meistens zum Segen,
auch manchmal zum Fluch.

(3)
Ich glaube,
dass ich durch Gott,
wie ich ihn verstehe,
mit allem Lebendigen
zusammengehöre
in Achtung und Streit,
verbunden mit der Natur,
mit Pflanzen und Tieren,
mit allem Lebendigen,

hier und anderswo,
und dass wir alle
Geschwister sind.

was ich nicht glaube

(1)
Ich glaube nicht,
dass ein Gott ist,
der allmächtig wäre,
der die Geschicke der Welt steuerte
und alles vorherwüsste,
weil ich sonst nicht erklären könnte,
warum er einerseits alles wachsen lässt
und dann wider alles zerstört,
ganz gleich, wie sehr man ihn verehrt.

(2)
Ich glaube nicht,
dass es einen Himmel gibt,
in dem am Ende abgerechnet wird,
der späte Gerechtigkeit schafft,
die Frommen freundlich empfängt
und die Bösen verurteilt,
weil ich es als Hohn empfände,
dass es vielen Bösen gut geht
und vielen Guten schlecht.

(3)
Ich glaube nicht,
dass mir ein Gott
oder irgendein Mensch,
und sei es auch
der vorbildlichste und größte,
etwas abnehmen und gutmachen kann
von dem, was ich verfehlte,
stellvertretend für mich,
weil ich überzeugt bin,
dass alles, was ich zum Leben brauche,
längst schon da ist.

Lebensbekenntnis

(1)
Ich glaube und ich bin gewiss,
wie mich das Leben auch beschwert:
ich bin gewollt.
Das Leben sagte ja zu mir,
und niemand kann mir
diese Wahrheit nehmen.
Ich bin gewiss,
dass Gott,
wie ich ihn für mich nenne und verstehe,
mir sagt:
Du bist mir lieb!

(2)
Ich glaube und ich bin gewiss,
dass Leben immer neu beginnt,
auch mit mir selbst,
und dass ich Fehler machen darf
und meine Zugehörigkeit zum Ganzen
nicht verspiele.
Ich bin gewiss,
dass Gott,
wie ich ihn für mich nenne und verstehe,
mir sagt:
Hab keine Angst!

(3)
Ich glaube und ich bin gewiss,
dass Leben durch mich leben will
und mir, so lang ich bin,
den Auftrag gibt,
mein Bestes draus zu machen.
Ich bin gewiss,
dass Gott,
wie ich ihn für mich nenne und verstehe,
mir sagt:
Ich gehe mit dir!

Weihnachten, Ostern und Pfingsten

An Weihnachten
versichern wir uns,
dass wir geliebt sind.
Wir erzählen die Geschichte weiter,
dass Gott menschlich wurde.
So verstehe ich es:
Gott, das Große Ganze, das Leben,
sagt ja zu uns.
Wir sind ihm recht.
Jeder wird,
ich selbst werde Mensch,
aus Liebe geboren,
auf Liebe angewiesen,
in welcher Hütte
ich auch zur Welt komme.
Wir nehmen es
als Selbstverständlichkeit,
was doch
in jedem Einzelfall
ein großes Wunder ist.

An Ostern
stehen wir auf
und feiern das Leben.
Wir erzählen die Geschichten
von Kreuzigung und Auferstehung.
So verstehe ich es:

Seit wir vor langer Zeit
vom Baume der Erkenntnis aßen,
müssen wir uns
im Schweiße unseres Angesichts
das Leben erarbeiten.
Jeder trägt dabei sein Kreuz
und seine Verantwortung.
Aber wir sind
zum Leben gemacht
und richten uns
immer wieder auf
und feiern
Auferstehung.

An Pfingsten
brechen wir auf
zu denen,
die mit uns die Erde bevölkern.
Wir erzählen die Geschichte
von der Ausgießung des Heiligen Geistes
in alle Sprachen.
So verstehe ich es:
Nur zusammen,
und nur verbunden
mit der Energie,
die uns das Leben gibt,
die allem, was lebt,
das Leben ermöglicht,
werden wir überleben.

Alle und jedes ist einbezogen.
Denn die Würde
der Menschen,
aller Menschen,
die Würde
der Tiere, der Pflanzen
und der Natur
ist unteilbar.

Gott

Am Anfang war kein Wort,
wie uns Johannes sagt,
am Anfang war nur Kraft und pure Energie.

Versteckt im Ur-Kern dieser Welt
verbargen sich die Möglichkeiten
und Regeln allen Lebens.

Warum bist du geborsten?
Warum mit Urgewalt und Krach und Blitz
zu einer Welt geworden?

Ich weiß es nicht. Auch nicht,
ob du vielleicht ein Teil
von noch viel Größrem bist.

Aus dir entbargen sich die Kräfte dieser Welt,
der Anfang allen Seins,
vom Größten bis ins Kleinste,

gebaren Raum und Zeit,
erstrahlte Licht, verbackte sich Materie
und formten sich die Elemente.

Auf langen Wegen
nahmst du vielerlei Gestalt an
in stetem Werden und Vergehn.

Aus dir sind wir gekrochen,
im Lauf der Zeit,
durch Zufall oder Sinn,

und das Lebendige in uns
erschloss sich unsre kleine Welt
samt Herz und Seele und Verstand.

Obzwar nur Tröpfchen
im weiten Meer des außer uns noch Lebenden,
sind wir doch selber voller unentdeckter Wunder.

Die gleiche ungeheure Kraft und Energie
speist uns und alles Leben,
von Anfang an und bis zu unserm Ende.

So nennen wir und nenne ich dich Gott.
Oder das Leben.
Ursprung und Antrieb von allem. Das Große Ganze.

Ich seh dich, Gott, Leben spendend
überall am Werk.
Und auch in mir.

Ich neige mich und staune
und bin voll Dank für das,
was zu mir kam.

gottmüll

ich kann sagt er den kinderquatsch nicht hören
den sie als sogenannte geistliche uns predigen
und sind doch durch und durch nur fleischlich
ich habe nie an was geglaubt sagt er
das jenseits wäre außer raum und zeit

mein gott die den und das ich selten nenne
weil ich sonst eingesponnen bin
von ängsten wünschen übertragungen
mein gott sagt er erscheint allein in dem was ist
und wie ich mir mein leben selber deute

mein gott ist leben und bewegung
ist energie veränderung ist werden und vergehen
und einklang mit dem ganzen
mein gott ist raum für das was ist und lebt und werden kann
und jedem seinen platz erlaubt

ich brauche keine welt darüber aus
nicht allmacht wunder auferstehung
gericht und unvergänglichkeit der seele
das ganze panoptikum der phantasie
der infantilen suche nach bestand und halt

ich kann sagt er das frommgelalle nicht ertragen
hab mir den magen dran verdorben
und heute bricht es aus mir raus ich nenn es gottmüll
ich danke gott mit dem ich reden kann wie mit mir selbst
ein gott des lebens und der liebe ja und manchmal nicht

Schöne geschundene Erde

löwenzahn

in den wiesen
vor dem wehr
wogt ein weites
gelbes meer
darüber schwebt
und weht mich an
der zarte duft
von löwenzahn

der wind geht leicht
biegt gras und strauch
geht übers land
und trägt den hauch
noch weithin fort
durch tal und feld
in eine bunte
schöne welt

ich halte still
und seh mich satt
ich atme mir
die seele glatt
das Land liegt warm
und sonnbeschienen
ich frage mich
wo sind die bienen

Verbunden

Jedem Teil dieser Erde,
jedem Halm, jedem Stein,
ob es erstürbe, ob es werde,
jedem Stumpf und Gebein,

den Wolken, den Lüften,
dem Regen, dem Schnee,
den Farben, den Düften,
den Blumen, dem Klee,

dem Rauschen der Blätter,
dem Singen der Luft,
dem Toben der Wetter,
dem Kauz, der nachts ruft,

im Boden sich schützend,
im Walde sein Reich,
den Himmel besitzend,
verborgen im Teich,

was immer die Erde
bevölkert und füllt,
allein und als Herde,
mal zahm und mal wild:

ich bin ihm verbunden,
geschwisterlich nah,
auf ewig gebunden,
mit heiligem Ja.

wessen erde

wie ganz ausgemessen
wo denn schwer versehrt
was denn aufgefressen
wann fast ausgeleert

warum ganz vergebens
welcher kannibale
welchen ganzen lebens
wieso mordsfinale

Handstreich

Fünf Millionen Jahre,
grob gesagt,
brauchte die Menschheit,
sich zu formen
und aufrecht zu gehen.

Wohl hunderttausend Jahre
nahm sie sich Zeit,
sprechen zu lernen
und sich selbst
zu entdecken.

Vor zehntausend Jahren
lernte sie,
ihre Nahrungsbeschaffung
zu sichern
und sich zu organisieren.

In weniger als zweihundert Jahren
schaffte sie es,
die Erde,
die sie nährt,
zu ruinieren.

Alles wächst

Unaufhaltsam füllt die Erde sich mit Menschen.
Wie Schlinggewächs
macht sich die Menschheit breit
und überwuchert alles.
Mit jedem neugebornen Kind
kommt mehr von allem in die Welt,
was Menschen aus ihr machen.
Kein Fleckchen bleibt verschont.

Acht Milliarden Menschen
streiten sich seriösen Schätzungen zufolge
ab Ende 22 um die Ressourcen des Planeten.
Alle zwölf Jahre mehrt sich, hören wir,
derzeit die Zahl der Menschen auf der Erde
um eine volle Milliarde.

Jahr um Jahr vergrößert sich die Menschheit
um nicht weniger als 90 Millionen Esser,
mehr als die Zahl der Menschen,
die in diesem Lande wohnen.
Wer immer neu geboren wird, hat Hunger,
möchte satt werden, braucht ein Zuhause
und eine Perspektive für das Leben.

Mehr als die Hälfte aller Menschen
lebt in der Stadt, vermehrt in Megastädten
mit mehr als 10 Millionen Köpfen;

sie fliehen aus dem Land
und wachsen auf in Lärm und Hektik,
in schlechter Luft und mangelnder Hygiene.

In jeder einzelnen Sekunde dieses Tages
werden über 25 Menschen neu geboren,
halbmal so viel, wie Menschen sterben,
die meisten weit entfernt von uns
in Indien oder Afrika,
in jenen Post-Kolonien,
wo sich die Armut ballt
und mitwächst mit der Zahl der Köpfe.

Alles wächst:
Der Hunger wächst
Die Hungerbäuche wachsen.
Der Durst wächst und der Streit um sauberes Wasser.
Es wächst der Bedarf von Land und Boden
und um den Platz für eine Hütte.
Der Kampf ums Überleben wächst
für jene, die nichts haben.

Die Wirtschaft wächst,
der Verbrauch und mit ihm auch der Abfall wächst,
und die Folgen für das Klima wachsen.
Die Zahl und Größe
der Krisen und der Katastrophen wachsen.
Die Menge schlechter Nachrichten wächst.

Der Wohlstand wächst,
der Reichtum und die Macht der wenigen,
und mit steigender Aussichtlosigkeit
der Hass der Habenichtse.

Gewiss, auch unser Wissen
nimmt stets weiter zu,
und neue Liebe wächst heran und Mut.

Die Zahl der Kämpfer für das Recht
und für das Gute wächst,
doch immer auch die ungezählte Zahl
der Verzweifelten,
und ebenso die Zahl der Bösen und Verführten.

Einst lehrte Heraklit, dass alles fließt
und in Bewegung ist.
Ein steter Wandel herrsche,
ein Kreislauf aller Elemente
und ein Werden und Vergehen.
Die Zeiten haben sich geändert.
Die Welt, besetzt von Menschen,
fließt nicht mehr.
sie wächst und schwillt und quillt
und hört nicht auf zu wachsen
bis alle Nähte platzen.

Ich widerspreche euch

Die unsrer Erde
Gewalt antun
um des Profits willen,
den Boden vergiften,
die Luft verpesten,
die Meere verdrecken,
Menschen unwissend halten,
Tiere wie Sachen behandeln,
und Pflanzen wie Dreck,

die mich
zum Komplizen machen,
mich einpassen
in Wohlstand
und Besserverdienst,
bis ich ihre Sprache spreche,
so dass ich längst
ein Rädchen bin
in ihrem Getriebe:

Ich widerspreche euch!
widerspreche euch!
widerspreche euch!
Und gestehe,
dass ich hilflos bin.
Ich klammere mich an Worte
und ein bisschen

Anderssein
und widerspreche euch erneut.
Ich weiß,
das hält euch
nicht auf.

Die letzte Generation

Wenn nicht wir, wer dann?
Wenn nicht hier, wo dann?
Wenn nicht jetzt, wann dann?
Wenn nicht vernetzt, wie dann?

Wer es will, der kann es wissen:
Es gibt für diese Erde ein Zuspät.
Wir sind die letzte Generation.

Es geht, ob ihr's nun hören wollt,
ums Ganze. Nicht nur um uns.
Ob diese Erde noch bewohnbar bleibt.

Seht ihr den ungeheuren Ernst
und welches Schwergewicht
wir tragen, tragen müssen?

Wir sind gefragt, es liegt an uns
und duldet keinen Aufschub.
Die Zeit ist abgelaufen. Jetzt muss es sein.

Freunde, lasst euch nicht mehr täuschen
von gut verpackten Argumenten,
von Aufschiebe-Notwendigkeiten!

Hört auf zu warten! Tretet aus den Häusern!
Empört euch! Widersprecht! Tut euch zusammen!
Greift jetzt dem Räderwerk in seine Speichen!

Sind wir noch immer auch nur wenige,
dann werden wir mit jeder Katastrophe mehr
und bald schon viele sein.

Ist jeder scheint's allein und nur ein Blatt im Wind,
sind wir zusammen schon ein Baum,
und bald ein ganzer Wald!

Sie können uns nicht fällen.
Wir wachsen nach.
Es wäre denn, wir fielen alle.

Ist wirklich Krieg?

Abel und Kain (Gen 4,1-16)

Abel,
der Sanfte,
Viehhirt und Nomade
wie seine Vorfahren,
zieht mit den Schafen,
Futtergründe suchend,
durch die Weiten der Steppe,
von Oase zu Oase.
Für sich und die Seinen
stellt er sein luftiges Zelt auf,
und den Tieren
schlägt er ein Verhau
gegen die Wölfe.
Nachts sitzt er
mit den Seinen am offenen Feuer
und schaut in die Sterne,
bis er irgendwann
mit knappem Gepäck
die Kamele bepackt
und weiterzieht.

Kain,
der Mutige, sein Bruder,
bricht mit dem Alten,
siedelt sich an,
wo es Wasser gibt,

beackert den Boden,
mit primitivem Gerät.
Im Schweiße seines Angesichts
sät er Getreide aus,
lernt es zu wässern
und hofft, dass es aufgeht und trägt.
Er baut sich ein Haus
aus Lehmziegeln
dazu einen Kral
für die Tiere,
schafft Raum und Nahrung
für immer mehr Mäuler,
hütet und mehrt den Besitz.
Nachts sitzt er
mit den Seinen im Haus
und schürt die Glut
im Herd.

Irgendwann,
unweigerlich,
kommt es zum Kampf.
Kain erschlägt
seinen Bruder Abel.

Bis heute
erzählen wir
diese Geschichte
eines Brudermordes
als Anfang von allem,

der blutbesudelten Geschichte
der Menschheit,
als Anfang des Krieges.
Sie geschah
vor zehntausend Jahren
und läutete
eine Zeitenwende ein.
Fortan begann die Menschheit
zu wachsen
und ihren Besitz zu mehren.
Inzwischen sind wir
acht Milliarden,
die sich
um die Ressourcen der Erde
streiten und erschlagen.

Ist wirklich Krieg?

Ist wirklich Krieg?
Ich liebe samstags Krimi.
Ist er so gut wie Schimi?
Sie geben einen Krieg in echt?
Direkt dabei? Nicht schlecht, nicht schlecht.
Mit fetziger Musik.

Dann lass mal sehn
wie Bomben regnen, krachen,

was Explosionen machen,
wie Häuser, Städte brennen.
Wie sie ums Leben rennen,
Ich brauch es telegen.

Wir rücken vor,
Das Bild beginnt zu wackeln.
Im Panzer gibt's kein Fackeln,
mit Fadenkreuz im Bordradar
triffst du das kleinste Fliegenhaar.
Ich hab's genau vorm Rohr.

Getroffen, aus!
Die haben nichts zu lachen.
So muss du's heute machen.
Denn jenseits aller Aggression
siegt technisch reine Präzision.
So holst du dir Applaus.

Ich bin auf Draht!
Im Panzer brauchst du Nerven,
du musst die Sinne schärfen,
musst immer bisschen schneller sein.
Dann schießt man alles kurz und klein.
So funktioniert Soldat.

Allzeit bereit!
Doch leider ham wir keinen Krieg.
Ich übe, bei hard-core-Musik,
mit Joystick und Realo-Spielen,
schon mal das punktgenaue Zielen.
Ich wäre dann soweit.

Krieg

Die zerfetzten
Fassaden Mariupols
starren mich an
wie Totenschädel
über mehr als tausend
Kilometer.

Schrecken
und Gewalt
gähnen aus aufgerissenen Häusern,
aus Bombentrichtern,
verwüsteten Plätzen und
menschenleeren Straßen.

Was ich nicht sehe,
was an der Front geschieht,
bim Häuserkampf,

versteckt vor jeder Kamera,
ist unsagbar.
Ich wage nicht es zu ahnen.

Krieg
macht aus Menschen
Instrumente.
Das Unrecht
gebärdet sich,
als wäre es im Recht.

Morden ist erlaubt.
Foltern ist erlaubt.
Vergewaltigungen sind erlaubt.
Plündern ist erlaubt.
Feuer legen ist erlaubt.
Minen vergraben ist erlaubt.
Zerstören und vernichten ist erlaubt.

Waffen, rufen sie,
mehr Waffen,
bessere Waffen,
jetzt sofort.
Es regiert
die Logik der Waffen.

Sie wurden überfallen,
sind im Krieg.
Wer verstünde es nicht!

Menschen wehren sich,
solange sie können.
Andere laufen weg,

Ein Volk
kann nicht weglaufen.
Ein Volk wehrt sich
oder geht unter.
Ist Unfreiheit
schlimmer als Krieg?

Mancher in diesem Land
hat verweigert.
Er müsste, gäbe es Krieg,
nicht mittun,
nicht mit Waffen.
Wäre das die bessere Wahl?

Wer zu den Waffen greift,
wird auch
durch Waffen sterben,
heißt es bei Jesus.
Wer zurückschießt,
vermehrt das Gemetzel.

Waffen machen Hände blutig.
Klebt nicht an meinen Händen
unsichtbar
auch deren Blut,

die ich nicht unterstütze
sich zu verteidigen?

Wer wollte nicht Frieden,
Verhandlungen!
Legt die Waffen nieder,
rufen die besorgten Freunde.
Sie haben so recht!
Ist Rechthaben besser als Mittun?

Es herrscht Krieg
im Nachbarland.
Ich möchte mich gerne
verstecken.
Er lässt mich
nicht ungeschoren.

Wenn's kracht

Wenn's kracht, kollateral,
geilt mich das kolossal.
Doch ungekonnt ins Bild gesetzt -
wie mich das ätzt.

Heillose Welt

Unsre zusammengerückte Welt
kennt kein Erbarmen.
Wir bekommen es mit,
wenn am anderen Ende der Welt
etwas Schlimmes geschieht.
Die Bildflut des Schreckens geht um die Welt
und nimmt unsre Seele mit.

Tägliche Ration schlechter Nachrichten:
zerstörte Häuser, flüchtende Menschen,
ertrunkene Flüchtlinge, zerstrittene Politiker,
zerplatzte Hoffnungen.
Müsste mir nicht, frag ich mich,
längst schon selber der Schädel zerplatzen?

Die Erde blutet aus zahllosen Wunden.
Uns hütet das hässliche Glück,
allermeist Zuschauer zu sein.
Die Schrecken ziehn jenseits vorbei,
erreichen uns meist nur in kleinen Dosen.

Geschützt und umzäunt
vom vertrauten Komfort
haben wir unsere Meinung
über den Zustand der Welt
und halten uns selbst
auf Distanz.

Teil einer heillosen Welt sind wir gefangen.
Aber haben wir nicht trotzdem ein Recht,
wie die Erde auch schreit,
auf unsere kleine Zone des Glücks?

Geschichten vom Krieg

Die meisten Geschichten
vom Krieg
werden nie erzählt.
Wir können sie
nicht ertragen.

Und doch
gebiert der Krieg
auch Erbarmen,
Großherzigkeit
und Mut.
Und manchmal
macht er Menschen
zu Helden
der Liebe.

Aber
wir erfahren auch davon
nur äußerst selten.

Golm

Kriegsgräberstätte Golm.
Was übrig blieb von
weit über
zwanzigtausend Menschen
wurde dort,
außerhalb der Stadt,
im Wald
vergraben
und entsorgt.

Fast alle blieben namenlos,
nach jenem Luftangriff
auf Swinemünde,
am 12. März 1945,
zwei Monate
vor Kriegsende.

Männer, Frauen, Kinder,
auf der Flucht,
im Lazarett,
versteckt in den Häusern,
mit geweiteten Augen
auf den letzten Strohhalm hoffend,
auf ein letztes rettendes Schiff.

Namenlose Grabkreuze
stehen verstreut
in die Abhänge gesetzt,
weiße und braune,
steinerne und hölzerne,
einzeln und in Gruppen,
vielleicht, um anzudeuten,
wie die Bomben wahllos trafen.

Wo genau
die Leichengruben lagen,
wie groß sie waren
und wie tief,
ist nicht mehr zu erkennen.
Wahrscheinlich
gehn die Wege drüber hin.
Nachträglich hat man,
ist zu lesen,
nur einige wenige Tote
noch identifizieren können.

Auf Schautafeln
seitwärts der Wege
stehen lange Listen.
Ich habe
viele Namen gelesen,
als könnte
ein bekannter darunter sein.

Es waren Männernamen.
Frauen fehlen.
Hinter welchem Namen
sich wohl ein Kind verbirgt?
Ob noch ein Alter lebt,
der mehr darüber
wissen könnte?

Die Erde ruht.
Die Hügel haben keine Sprache.
Mir ist kalt.
Das Schweigen des Waldes
ist angemessen.
Aber ich höre es schreien.

Schweigezeit

Mein Vater hat uns nichts erzählt, bis an sein Ende,
und meine Mutter wusch unschuldig ihre Hände.
Mein Opa wollte nichts von dem, was war, mehr wissen,
und meine Oma saß im Sessel, stopfte still die Kissen.
Die Onkel, Tanten und die übrigen Verwandten,
wie gut, dass sie nur harmlose Geschichten kannten,
und ohne sich die Zunge zu verbiegen,
hat jeder sich dabei die Seele rausgeschwiegen.

Ich selber habe auch nicht weiter nachgefragt,
geschweige denn zu widersprechen mich gewagt.
Ich habe nur gefühlt, es gibt was zu verschweigen,
das kann, das darf, das will man uns nicht zeigen.
Was so im Keller des Vergessens landet und verschwindet,
besitzt nichtdestotrotz die Kraft, dass es uns bindet,
als müssten wir, die Kinder, jene Lasten tragen,
die unsre Eltern nicht die Kraft besaßen uns zu sagen.

Ich habe erst viel später angefangen zu durchschauen,
wie groß die Scham, die Schuld war und das Grauen,
das ihnen viele Male nächtens durch die Seele schoss
und unaussprechlich war und allen ihren Mund verschloss.
Und ich begriff den durchaus nicht vereinbarten Beschluss,
dass jeder allererst sich abschirmt und das Leben sichern muss.
Dann erst, mit Abstand, lernen wir das Schlimme zu verstehen
und lernen draus. Und müssen trotzdem weitergehen.

Friedlich

Ich kriege dich!
Mein Codewort ist devil.
Ich geh zum nächsten Level.
Ich messe mich mit jedem Crack,
ich putze auch die Stärksten weg.
Dann wird es fürchterlich.

Dann kenne ich mich selbst nicht mehr.
Dann fliegen nur die Fetzen.
Ich werde jeden hetzen,
der sich noch um die Ecke zeigt,
bis er verdammt für immer schweigt.
Ich räume alles leer.

Ich mache niemals schlapp.
In Nacken, Fingern Krämpfe
hält mich nichts, wenn ich kämpfe,
wenn's explodiert und schreit und kracht.
Ich halte durch, die ganze Nacht,
ich knall sie alle ab.

Ich kaue Chips und trinke Bier
und sitze ganz gemütlich
am Bildschirm und bin friedlich.
Ich krümme nie ein Fliegenhaar,
ich bilde keine Kriegsgefahr,
Was wollt ihr denn von mir?

Vor dem Schirm

Jetzt schalt mal um.
Ich hab genug.
Ich hab mich an den Bildern
wundgesehen,
die zerbombten Häuser,
aufgerissenen Fassaden,
die rauchschwarzen Löcher,
aus denen Leere starrt,
wo eben, beinah kann ich sie noch ahnen,
Menschen um die Tische saßen,
sich zankten, liebten,
miteinander teilten,
mit ihren Kindern spielten.

Jetzt schalt schon um!
Ich kann danach nicht schlafen.
Ich sitze ohne Worte
vor dem Schirm
und denke mich weit weg.
Ich schaue nicht mehr hin,
will nicht in die Gesichter sehn,
will nicht in kalten Kellern hocken
und mich ducken,
wenn Bomben zischen, kreischen
und Granaten platzen.
Schalt endlich um!
Ich halte das nicht aus.

Hilflos in meiner Angst,
trostlos mein Mitgefühl
und lächerlich mein Zorn
auf die, die zu den Waffen greifen;
die sich das Recht behaupten,
ein andres Land mit Krieg zu überfallen,
die Befehle geben zum Zerstören
und zum Morden.
Ich will es nicht mehr sehen!
Ich will es nicht mehr wissen!
Es soll nur aufhören!

über das kämpfen

das leben sei ein kampf
es schenke nichts umsonst
wer es sich leicht mache
zu billig erhielte
dem sei's nichts wert
er würde seiner
sogar noch schneller
überdrüssig
sagen sie

hört auf zu kämpfen
widersprechen andere

lernt zu leben
nicht zu siegen
lernt zu teilen
ohne bosheit
enthärtet euch
und bleibt geschmeidig

stimmt es aber nicht
dass wir uns unsern platz erstritten
gegen andere
mussten wir nicht besser sein
und manchmal böse
sagt wäre es kein kampf

stimmt es nicht
dass wir
demütigungen überstanden
uns verkauften
für ein paar scheine
die andere in koffern
nach hause tragen
das wäre sagt
kein kampf

stimmt es nicht
dass wir lernten
uns zu behaupten
tag um tag
in der pflicht

und auf der hut
das nötige zu regeln
das wäre nicht kampf
sagen sie

ach wer kennte nicht
die große sehnsucht
diesen traum

nicht mehr kämpfen
nicht mehr siegen
keinen gegner
unterkriegen
nicht mehr sammeln
mehren häufen
nicht nach schnäppchen
lauern greifen
nicht mehr sollen
nicht mehr müssen
nicht mehr wünschen
nur noch wissen
nicht mehr haben
nur noch sein

gern stellten wir
das kämpfen ein

der Dämon

Ein Dämon, träumte ich, käm uns erlösen,
ein guter Geist, der väterlich und klar
den Menschen Richtung zeigt, uns vor dem Bösen
beschützt und weiß, was nötig ist und wahr.

Allein: er springt nicht aus dem Traum ins Freie,
er lässt uns schmoren, wartet weiter ab.
Doch eines Tages, glaub ich, prophezeie,
da schwingt er endlich seinen Zauberstab

und wird das Unrecht in der Welt besiegen,
und jeder Bösewicht nimmt schließlich seinen Hut
und Wolf und Lamm solln beieinander liegen.
Ich bin ganz sicher. Es wird alles gut.

Homo faber

Ein Mensch
erkennt sich an der Kraft,
mit der er plant und baut und schafft.
Und andrerseits zerstört er's dann
im Wahn, wie man oft sehen kann.
Denn noch tiefer an ihm frisst,
wenn er zu nichts mehr fähig ist.

In einem anderen Land

In einem anderen Land
folgen auf Lenzen Lenze,
hängt man dir bunte Kränze
um als Willkommensband.

In einem anderen Land
tanzt man vom Abend zum Morgen,
kennt weder Missgunst noch Sorgen,
gibt man sich Küsse als Pfand.

In einem anderen Land
spenden dir Palmwedel Schatten,
schenkt man den roten satten
Spätwein ein bis zum Rand.

In einem anderen Land
sprießen aus Steinen Rosen,
fängst du das Sonnenglosen
ein mit der bloßen Hand.

In einem anderen Land
läuft dir bei Sonne und Regen
lächelnd ein Engel entgegen.
In einem anderen Land.

Händler nicht Krieger

WIDERSPRECHT

denen

die Waffen nehmen

LASST EUCH NICHT VERFÜHREN

von denen

die Angst haben

HÖRT AUF ZU KRIEGEN

euch stark

zu machen

WERDET HÄNDLER

die Lösungen

suchen

Regenbogen

Der Himmel tobt sich aus
überm Ahrtal.
Ein Wolkenbruch,
der nicht endet.
Ein Wassersturm,
der nichts mehr lässt
wie es war.
Unscheinbare Bäche
die sich in Augenblicken
zu reißenden
Wassermassen türmen,
die keine Zeit lassen
und alles, was ihnen im Weg liegt,
ersäufen,
Mensch und Tier
und Hab und Gut.
Lawinen von Schlamm,
entwurzelte Bäume,
mitgerissene Häuser,
verschwundene Straßen,
eine Spur der Verwüstung,
ein Tal der Opfer
und der Überlebenden,
vielfaches Leid
und Dunkelheit.
Eine Sintflut
von mehr als vierzig Tagen.

Und doch,
kaum zu glauben,
irgendwann
bricht Sonne
durch letzte Tropfen.
Zweifach und deutlich wie selten,
unübersehbar,
leuchtend in allen Farben,
steht am Himmel
ein großer Doppelbogen,
verkündet das Leben,
den ewigen Bund Gottes
mit dieser Erde.

Das Flüstern der Hoffnung

Ich kann es nicht,
schreit das verletzte Kind.
Aber die Hoffnung flüstert: Geh los!

Es geht nicht gut,
schreit das verletzte Kind.
Aber die Hoffnung flüstert: Geh los!

Du weißt es nie,
schreit das verletzte Kind.
Aber die Hoffnung flüstert: Geh los!

Ich weiß nicht wie,
schreit das verletzte Kind.
Aber die Hoffnung flüstert: Geh los!

Ich bin zu schwach,
schreit das verletzte Kind.
Aber die Hoffnung flüstert: Geh los!

Ich trau mich nicht,
schreit das verletzte Kind.
Aber die Hoffnung flüstert: Geh endlich los!

3. Buch
Aufgeblätterte Tage

Eingebunden ins Leben

Ich bin da

Ich bin da
Da bin ich
Schaut mich an

Ich bin da
In mir lacht euch
das Leben an

Ich bin da
Ein Geschenk
So bin ich

Kind des Lebens

Gezeugt von Leben,
das vor mir war
und sich erfand,
bin ich ein Kind
des Lebens.

Gebettet in Leben,
das mit mir ist
und leben will,
bin ich ein Kind
des Lebens.

Träger des Lebens,
das nach mir kommt
und weitergeht,
bin ich ein Kind
des Lebens.

Leben

Unerschöpfliche Energie!
Wilder Vulkan!
Wuchernde Kraft!
Zarte Knospe!

Immerfort in Bewegung,
unaufhörlich im Wandel,
Altes verändernd,
Neues gebärend

bist du voller Gegensätze:
hitzig und eisig,
wütend und wahrend,
wogend und still.

Nährboden und Grab
im Kommen und Gehen,
bist Wunder und Unheil,
Schönheit und Tod.

Leben!
gärst auch
in mir.

Lebenszeichen

Geboren
aus Leben
bin ich selber
ein Quantum
wuchernden Lebens

Geformt
vom Leben
bin ich selber
Ausdruck
mitgegebenen Lebens

Umgeben
von Leben
bin ich selber
Bestandteil
vielfältigen Lebens

Verbunden
mit Leben
bin ich selber
ein Kettenglied
zusammengehörenden Lebens

Geliebt
vom Leben
bin ich selber
voller Liebe
für den Ursprung des Lebens

Mein Platz

Bin ich nur Laune der Natur,
so bin ich doch ein Teil des Lebens selbst
und Träger seiner Kraft.

Als Glied in einer langen Kette
bin ich nach rückwärts, vorwärts
und zur Seite eingebunden,

an meiner Stelle
unverwechselbar
und einzigartig.

Das Alte und das Neue

Das Leben schöpft aus dem,
was vor ihm war,
und bleibt darin
dem Früheren verbunden.

Dem nahen Blick
mag es wie gänzlich neu,
wie nie Gewesenes
erscheinen.

Wer Abstand nimmt, erkennt,
dass es von weither kommt
und sich dabei
dem Älteren verdankt.

Was immer ist, es ändert sich,
verpuppt und häutet sich
und wechselt manchmal deutlich
die Gestalt

und nutzt dabei,
sei's mit Protest, sei es mit Liebe,
ob sichtbar oder nur versteckt,
das Alte für das Neue.

Der Kreisel

Kerzengrade tanzt er, voller Anmut,
zieht die Blicke magisch an.
Und während er wie mühelos
sich um die eigne Mitte dreht,
kreist seine Welt um ihn,
und schwimmt ihm aus dem Bilde.

Das eigne Land als Mittelpunkt,
so zeichnen wir die Karten dieser Erde,
und mit uns selbst als Mitte
erkennen und beschreiben wir
auch unsre eigne Welt.

Im Zentrum und mit Kreiselblick
erscheint es uns,
als drehe sich die Welt um uns;
als wäre, was uns wichtig ist,
für uns gemacht,
als hätten wir es ausgedacht.

Dann irgendwann
verliert der Kreisel Fahrt
und kommt ins Trudeln,
bis er am Ende fällt.
Nur manchmal gibt es eine Hand,
die ihn erneut beschwingt.

Der Preis

(1)
Es war ein langer Weg
vom Kriechen, Klettern, Laufen
bis zum Aufrechtgehen,
ein Sichentwickeln und Entfalten,
ein Ausprobieren und Verwerfen,
ein Lernen und Erkennen,
mit wachsendem Erfolg,
und steigender
Geschwindigkeit,
am Ende explodierend.

Vielerlei Fähigkeiten
erwarb der äffische Zweibeiner
auf seinem Weg
ins Menschliche,
vergrößerte sein Gehirn,
bis es nicht weiter ging,
und wurde Stück um Stück
ein bisschen mehr
sich seiner selbst bewusst.

(2)
Und wie im Lauf der Zeit
er seine Welt erkundete
und zu verstehen lernte,
wurde er selbst

zum Schöpfer,
fing an, was ihn umgab,
nach seinem Bilde zu gestalten,
erfand zugleich sich selbst
und büßte dabei
unweigerlich
die Unschuld ein.

(3)
Was alle Kreatur vereint
und als ein Wissen in sich trägt,
das muss der Mensch,
wird er zum Schöpfer,
sich erfinden
und also auch infrage stellen,
muss unterscheiden, trennen,
das Richtige vom Falschen,
das Gute und das Böse,
die Einheit allen Seins,
des Werdens und Vergehens
mit jenem Leben,
das ihn hervorbrachte
und ihn umgibt,
dem Großen Ganzen.

(4)
Unheilbar ist sie aufgebrochen
und ist nicht mehr,
wie alle Zeit zuvor,

ganz ungefragt und schicksalhaft
für alle gleich gegeben.
Mit jener grenzenlosen Kühnheit,
Welt und Umwelt zu gestalten,
muss jeder Mensch die eigne Welt erschaffen,
vergrößert so unweigerlich die Kluft,
die ihn von der Natur entfernt.
Die eine Welt
zerbricht in viele kleine.
Was uns mit ihr verbindet,
muss fortan immer neu gesucht,
erworben und begründet
und von jedem für sich selbst gefunden
und entschieden werden.

(5)
Nicht rückführbar
ist die Erkenntnis,
nachdem der Mensch,
wie uns die Bibel
gleichnishaft erzählt,
von ihrem Baume aß.
Nicht rückführbar
ist auch der Zwang,
sich zu entscheiden.
Nicht Gewissheit
finden wir fortan.
Der Preis des Wissens ist
Unsicherheit.

Ich lebe

Manchmal
hab ich
mein Leben satt
dann finde ich an mir
nichts von Belang

Manchmal
verkrieche ich mich
in mich selbst
dann gehe ich
nicht aus dem Haus

Manchmal
seh ich nur Unbewältigtes
um mich
dann fällt mir
alles Atmen schwer

Manchmal
find ich den Anfang nicht
zu mir
dann fühl ich mich
als wäre ich am Ende

Manchmal
ist mir die Welt
zu kompliziert

dann sehne ich mich
nur nach Ruhe

Manchmal
erwache ich
nach einer Zeit
und merke
dass ich lebe

panta rhei

Soweit bekannt
hat nichts Bestand.
Was immer ist
hat seine Frist.
Was je geschieht,
es rennt und flieht.
Was man auch sucht,
ist auf der Flucht.
Kein Augenblick
kommt je zurück.
Das ist so wahr
wie lapidar.
Ob wir am Leben
deshalb so kleben?

Am Wasser

Mit einem Felsen, nah am Bach,
hab ich ein Rendezvous.
Ich sinne dort dem Leben nach
und schau dem Wasser zu.
Schon oft saß ich an diesem Ort,
ich mag sein wildes Spiel.
Die Wasser treiben lärmend fort.
Ich schaue, schweige still.

Das strömt und wirbelt Tag und Nacht
in ungebremstem Drang,
es gurgelt, schlürft, es dröhnt und kracht
schon manches Leben lang.
Das Wasser gönnt sich keinen Halt,
es kommt von endlos her,
ist immer frisch und doch uralt,
und fließt sich niemals leer.

Es strotzt voll Kraft im Übermaß
und stillt die Lebensgier.
Es lechzt das Land nach seinem Nass,
es dürsten Mensch und Tier.
In seinen Fluten finde ich
wie Leben sich ersann,
und immer wieder zieht es mich
mit Macht in seinen Bann.

Aus Wasser steigt die Lebenskraft,
es trägt des Lebens Tracht,
und aus dem gleichen klaren Saft
bin auch ich selbst gemacht.
Es nährt im Überfluss und teilt
frei seinen Segen aus
und schenkt sich her und gibt und heilt,
erwartet nicht Applaus.

Es haben Wasser mir und Fluss
ein Gleichnis angezeigt;
mal ist er Rätsel, mal Genuss,
er redet und er schweigt.
Unebnes gleicht er oben aus
und gibt ihm unten Raum:
Geheimnisvolles Hexenhaus,
Versteck im trüben Schaum,

verbirgt so manche alte Fracht,
die irgendwann versank,
hat manchem großes Leid gebracht
und machte manchen krank.
In seinen Tiefen ruht die Zeit.
Sie setzt sich Schicht um Schicht
und hütet die Vergangenheit.
Wer eilt, erkennt sie nicht.

Und wenn ein Mensch sich sehnt und weint,
ziehn aus dem dunklen Lauf

der Fluten, wenn das Mondlicht scheint,
die Wassergeister auf
und nehmen ihn in ihren Kreis
und tanzen mit ihm fort
und stillen seine Sehnsucht leis
an einem fremden Ort.

So viel die Flut zu zeigen hat,
das mir bekannt schon wär,
ich sehe staunend mich nicht satt,
entdecke immer mehr.
Von vielen Seiten fließt es an,
frei, stolz und autonom,
tut sich zusammen irgendwann
und wächst zu einem Strom.

Es läuft zusammen wie im Spiel,
mal wild und manchmal träg.
Die Quelle fragt nicht nach dem Ziel,
der Fluss zieht seinen Weg.
So weite Schleifen er auch nimmt,
erreicht, ob kreuz, ob quer,
der kleinste Wellenschlag bestimmt
am Ende doch das Meer.

Und hindern Felsen seine Bahn:
der Fluss weicht weise aus,
er einigt sich, er passt sich an
und findet leicht hinaus.

Zum Staunen seine sanfte Kraft!
Sie rundet jeden Stein,
umspült ihn leicht und launenhaft
und lässt ihn einfach sein.

Er spielt, er ändert die Gestalt,
mal tanzt er, schäumt und springt,
und kurz danach, frei von Gewalt,
da flüstert er und singt,
und gibt sich harmlos, zeigt sich zahm
und glättet allen Schaum.
Aus welchen Tiefen er auch kam,
trübt seinen Spiegel kaum.

Dann, wenig später, tobt der Fluss,
reißt alles mit sich fort
und stürzt hinab zu Tantalus,
führt mit sich Tod und Mord,
und ohne Gnade, teufelswild,
vernichtet er und frisst
die Kinder, eben noch gestillt,
schont nichts, was lebt und ist,

sprengt alle Ufer und ersäuft
das Land in Schlick und Schlamm,
und wer nicht um sein Leben läuft,
den schützt kein Boot und Damm.
Es trägt der Fluss ein Urgemisch
zum Segen und zum Fluch,

er deckt dem Leben reichen Tisch,
und wird zum Leichentuch.

Meist zieht er träge durch das Land
krümmt keinem nur ein Haar,
Schaust du vom Berg sein breites Band
denkst du: wie wunderbar!
Am Ufer sitzt und sinnt und fischt
ein Angler still allein,
und anderswo, vom Bad erfrischt,
hörst du die Kinder schrein.

Seitwärts die Stadt und jeder Ort
schöpft Wasser aus dem Fluss,
stillt den Bedarf, und spült dann fort
was niemand haben muss.
Es pumpt sich Wasser frei ins Haus
so manche Klein-Fabrik
und weiter abwärts spuckt sie's aus
gibt es verbraucht zurück.

Zwei Türme fern am Horizont,
ich denke nichts dabei,
vom Abendlicht friedlich besonnt
stehn sie so fromm und frei;
dass sie das Wasser untenher
entnehmen, unentdeckt,
macht Lurch und Fisch das Atmen schwer,
und hält sich gut versteckt.

Du siehst kein Gift, hörst kein Signal.
Ist auch das Wasser trüb,
gibt es sich harmlos und normal
und bleibt uns wert und lieb.
An seinen Ufern wohnt man gern,
schaut gern ins Abendlicht;
dem Wasser so vertraut, so fern,
spürt man sein Leiden nicht.

Still zieht der Strom im starken Deich,
der Mensch und Land beschützt,
und Schiff und Hafen zeigen euch,
wie sehr er allen nützt.
Was blieb von all der Munterkeit?
Ist das des Lebens Gang?
Am Anfang Wirbel, Lust und Streit,
am Ende träger Zwang?

Ach Wasser, endet so dein Lauf?
Gezähmt, verletzt, verdreckt?
Am Ende nimmt das Meer dich auf
und schluckt, gleich wie es schmeckt.
Und dann steigst du als feiner Dunst
erneut auf, kaum zu sehn,
und schenkst uns regnend neue Gunst
als wäre nichts geschehn.

In die Zeit gefallen

(1)
Alles, was ist,
hat Geschichte.
Es ist eingebunden
in das, was vor ihm war
und nach ihm kommt.
Nichts, was es gibt ,
kommt aus dem Nichts.
Selbst was uns
wie vom Himmel fällt,
war andernorts
zuvor in anderer Gestalt.
Es stammt aus Früherem
und gibt sich weiter
an das Spätere.
Jedwedes Ding
und jedes Wesen
ist doppelt bezogen:
auf das, woher es kommt
und das, wohin es geht.

(2)
Sobald es ist,
bleibt nichts mehr, wie es ist.
Es bleibt nichts unberührt,
und nichts bleibt unbeschädigt.
Unaufhörlich

wandelt sich, was ist,
und wechselt die Gestalt.
Es nimmt das Vorgegebene auf,
es findet seine Form,
wirkt so auf jenes ein,
das mit ihm ist,
und hinterlässt die eigenen Spuren.
Doch immerfort sich ändernd
und erneuernd
schöpft es aus dem,
was vor ihm war
und bleibt darin dem Alten treu.

(3)
Dem nahen Blick
erscheint es wie ein Neues,
nie Gewesenes.
Wer Abstand nimmt, erkennt,
dass es von weither kommt
und sich dabei
dem Früheren verdankt,
und dass in diesem Wandel
nichts, was uns trägt, verloren ging.

(4)
Wir nun,
die sich ihr Leben nehmen
wie ein Recht,
tun uns mit dieser Einsicht schwer.

Als hätten wir
uns selbst gemacht,
behandeln wir,
was uns betrifft,
als ob es uns gehörte.
In Wahrheit
haben wir nur wenig Macht.
Das meiste ist geliehen.
Uns eignet nur
die Fähigkeit,
uns selber zu entwickeln,
uns selbst und unsre Welt
ein wenig zu verändern;
auch zu zerstören;
doch jene nicht,
uns zu erschaffen.

(5)
Wir fallen in die Zeit.
Wenn die Gelegenheit
uns günstig ist,
gibt sie uns Raum.
Das Leben fällt uns zu,
wir sind ein Zufall.
Wir können ihn ergreifen,
wir können ihn
verstreichen lassen.
Doch immer
können wir nur nehmen,

was uns gegeben ist.
Wir kommen auf,
wir bleiben eine Weile
und gehen wieder
je im Fluss der Zeit.
Nach seiner Laune
spült das Leben uns ans Licht
und taucht uns dann
zurück ins Dunkel.

(6)
Wir nähren uns von Leben,
das uns vorausging,
aus dem wir stammen,
und betten uns in solches,
das uns folgt
und uns zurücklässt.
Wir nehmen auf,
was vor uns war,
und übergeben es
in etwas anderer Gestalt
an die, die mit uns sind
und nach uns kommen,
so wie es alle vor uns taten.

(7)
Wie wir,
willkürlich hineingenommen
in den Lauf der Zeit,

auf unsre Weise
die Stafette greifen,
sie eine Weile halten
und nach vorne stürmen,
so reichen wir sie
bald schon wieder
an andre weiter
ohne Ansehn der Person,
aus reiner Gunst des Lebens
und der Stunde.
Wir haben keine Macht und Zugriff
über das, was uns vorausging,
noch über das, was nach uns folgt;
nur über das, was ist.

Was auf mich kam

Kein Ding, kein Wesen
hat es in der Hand,
den eignen Platz ins Leben
auszuwählen.
Er wird uns aufgegeben.

(1)
Was auf mich kam,
das nehme ich,
so wie es mich erreicht:

zuallererst
die Samenfracht,
die schwängernd Platz nahm,
sich vereinigte,
in jenem Mutterleib,
der mir den Raum gab,
mich gebar.

Ich nahm die Eltern und Geschwister
und die, die neben ihnen stehn
und hinter ihnen,
mit denen sie das Leben teilten,
Familie und Verwandtschaft,
mitsamt ihrer Geschichte,
der offiziellen und gewünschten,
doch mehr noch der verschwiegenen.

(2)
Ich nehme von den Eltern
Gelungenes und Verfehltes,
Erwartungen und Befürchtungen,
Wunschträume und bittere Wahrheiten,
Ansprüche und Widersprüche,
Unerledigtes und Weggedrängtes.

Ich nehme ohne Widerspruch
die Farbe meiner Haut,
ich nehme mein Geschlecht
und meinen Körper,

Gestalt, Gebaren, Aussehn, Wuchs, Figur,
und nehme mit ihm alles, wie es kommt:
Gesundheit, Kraft und Energie,
Beschränkung, Krankheit, Anfälligkeiten,
Unfähigkeit und Deformation,
ob ich es mag oder auch nicht.
Auch kommt auf mich,
wenn ich ins Leben trete,
die Zeit.
Ich bin belegt von Tag und Jahr,
bewegt, bestimmt, begrenzt
von Zeitgeist und Epoche,
und nicht zuletzt
vom eigenen Alter.

(3)
Nichts suchte ich mir aus,
wie manche meinen,
man wies mir alles zu
Ich nahm den Platz,
wie ich ihn fand
und was mich sonst erwartet hat,
als ich ins Leben trat:
sei es nun Sommer oder Winter,
Wärme oder Kälte,
Krieg oder Frieden,
Wohlstand oder Armut,
Hunger oder Überfluss.

So wie es mich erreichte,
nahm ich auch dies zu mir:
Bosheit und Liebe,
Angst und Sicherheit,
Abhängigkeit und Freiheit,
Nichtachtung und Anerkennung,
Unterordnung und Vorrang,
Bedeutungslosigkeit und Größe.

(4)
Ich nahm
das ganze Drum und Dran
der Verhältnisse,
durch die ich Teil geworden bin
von Mehr- und Minderheiten;
ich nahm auch ungefragt
die Muttersprache,
Denkmuster, Dialekt und Slang;
Ich nahm den Ort,
den Raum, die Landschaft,
in der ich mich zu Hause fühle,
ich nahm die Heimat
und die Zugehörigkeit
zu Volk und zur Nation
mitsamt der vorgegebenen Geschichte.

Noch andres mehr
hat man mir ungefragt
in meine Wiege beigelegt:

die Religion samt Sitten und Gebräuchen,
Glaubenssätze und Überzeugungen,
Wertvorstellungen und Weltbilder,
Zeitgeist und Modeerscheinungen,
Weltverständnis und Weltdeutung,
wissenschaftliche Erkenntnisse
und technische Möglichkeiten,
und nicht zuletzt Kunst und Kultur.

(5)
Das alles ist der Grund,
auf dem ich stehen lernte,
der Boden, der mich nährt
und wachsen lässt,
der Horizont,
der mich umgibt.
Das alles setze mir den Rahmen,
bestimmte mir den Platz,
von dem ich startete.
Es stattet mich auch weiterhin
mit Leben aus.
Es bindet mich an das,
was vor mir war und um mich ist.
und zeigt mir zugleich an,
was mir mein Leben aufgibt.

Ich nahm es,
ob ich's bejahe oder nicht,
weil es Bedingung war

zum Leben.
Ich wurde nicht gefragt.
Und auch kein andrer Mensch.
Ich hatte keine Wahl.

Nur darin bin ich frei:
Was ich draus mache.

Zustimmung

(1)
Das Leben braucht mein Zutun nicht,
um in der Welt zu sein.
Es wirkt auch ohne mich.
Ich bin ihm ganz entbehrlich.
Es weht mich in die Welt.
Ich kann es manchmal bremsen und erschweren,
ich kann's verletzen und mir selber nehmen,
ich kann's auch weitergeben;
doch kann ich es nicht machen.
Es ist schon vor mir da
und wird auch nach mir sein.
Das meiste davon bleibt mir
unvertraut und rätselhaft.

(2)
Ich muss, damit es mit mir weitergeht,
es nicht verstehen.
Die kleinste Zelle in mir trägt
den eignen Bauplan in sich selbst.
Es macht auch keinen Unterschied,
ob ich, was man mir einst
in meinen Ranzen steckte,
bejahe und zu schätzen weiß,
ob ich's bekämpfe, missachte und verleugne.
Ich werde dazu nicht gehört und angefragt.
Was man mir mit ins Leben gab,
benötigt meine Kenntnis nicht
und nicht mein Einverständnis,
um Wirkung zu entfalten.

Es kommt zu mir in schillernder Gestalt:
bekannt und fremd zugleich,
teils sichtlich, aber auch als Schatten.
Dem Leben ist es gleich,
ob es im Hellen weiterwirkt,
ob es Geheimnis bleibt.
Es wirkt an sich.

(3)
Was mich erreicht
und nach mir weitergeht,
das nehme ich,
weil ich nicht anders kann, als meins,

als wäre es für mich gemacht,
und nur für mich bestimmt.
So finde ich mein eigenes Gewicht
und meinen Platz
im Strudel der Zufälligkeiten.
Bin ich auch weiter nichts
als eine Laune der Natur,
so bin ich doch ein Teil des Lebens selbst
und Träger seiner Kraft.
Als Glied in einer langen Kette
bin ich nach hinten, seitwärts und nach vorn gebunden,
an meiner Stelle einzig, unverwechselbar.

(4)
Was man mir mitgab,
setzt mir meinen eignen Rahmen.
Ich trage seine Zeichen
an Leib und Seele.
Es ist der Preis, damit ich leben kann.
Was mir als Erbschaft mitgegeben wird,
das spüre ich im Guten wie im Schlimmen,
als Lebenslust und Lebenslast.
Das Erbe trägt mich
und es hängt zugleich an mir,
teils schwer und wie ein Fluch,
und vielfach auch
als Kraft und Segen.
Das Gute gibt mir Kraft,
beflügelt mich zum Leben.

Es überwiegt bei Weitem.
Das Böse macht's mir schwer.
Es kommt wie Schicksal über mich
und lauert, wohl versteckt,
zugleich in mir.

(5)
Ich nehme,
wenn ich diese Welt betrete,
das Ganze wie es ist,
das Gute und das Böse,
das Leichte wie das Schwere,
so wie es mir die Eltern
in die Wiege legten.
Und scheint das Gute mir
dabei willkommen leicht,
das Böse unerträglich schwer,
ist beides meins.
Das Gute leichtet mir mein Leben,
das Böse gibt ihm sein Gewicht.

(6)
Dem zuzustimmen,
was an Angenehmen zu uns kommt,
fällt uns nicht schwer.
Gern deutet jeder das Gelungene
als sein Verdienst.
Das Fremde, Schwere, Böse andrerseits
will niemand haben

und tut, als wäre es ihm freigestellt,
es auszuschlagen
wie fremde Schulden
und unbequeme Erbschaft.
Als könnten wir,
die Spätgeborenen,
es übergehen, vergessen und verleugnen,
und folgenlos vom Alten zehren
ohne zu bezahlen.
Als könnten wir,
nachdem die Väter, Mütter
saure Trauben aßen,
jetzt nur die süßen kosten.
Als könnten wir, was uns nicht passt,
bestreiten und missachten.
Doch werden wir es niemals los.
Nichts, was gewesen ist,
kann ungeschehen werden,
nichts lässt sich später
aus der Welt entsorgen.

(7)
Das Abgelehnte lässt mein Herz nicht los.
Als fremde Last erdrückt es mich,
macht mich verbittert, hart
und bleibt auf meiner Seele haften
wie etwas nicht Gelöstes, Unerledigtes,
wie eine offne Rechnung,
die mich, obwohl ich eben das nicht will,

an das Gewesene verkettet,
anstatt mich freizumachen
für ein Neues.
So gebe ich die alten Bitterkeiten weiter
an das mir folgende Geschlecht.

(8)
Was meine Eltern und mit ihnen jene,
die vor mir waren,
an Schaden angerichtet haben,
und mir,
dem erst viel später in die Welt Gesetzen,
anschließend weitergaben,
was sie, ohne es zu beweinen
oder selbst zu sühnen,
zugelassen und verbrochen haben,
was sie an Gräueln und Zerstörung,
an Unrecht, Leid und Elend hinterließen,
an niemals Wiedergutzumachendem,
im eignen Haus und Land
und ebenso auch nebenan
und hinterm Horizont,
und mir mitgaben,
auf den Rücken packten,
die ganze blutgetränkte,
schwer zu erzählende
Gewalt- und Vernichtungsgeschichte
dieses Landes,
und mehr, der halben Erde:

das lastet auch auf mir,
wenn ich das alles auch nicht selber tat.
Doch seine Folgen treffen mich
ganz unvermeidlich.
Ich bin in sie verstrickt,
kann ihnen nicht entkommen.
Sie sind der Boden, auf dem ich stehe,
der Acker, der mich nährt,
der Raum, in dem ich wohne,
und so ein Teil von mir,
wenn ich die Welt betrete.

(9)
Wie das, was vor mir war,
mir meine Kraft zum Leben gab,
hängt, ob ich will, ob nicht,
die ganze Schrecklichkeit und Schande
des Gewesenen hernach auch mir am Hals.
Erst mit der Zeit,
nach seiner Größe früher oder später,
nicht selten erst nach Generationen,
womöglich aber niemals,
wird seine Wirkung schwächer und verblasst,
sinkt ab in gnädiges Vergessen.
Als Ahnung zittert es in unserm Tun
und harmlosen Geschichten nach.
Die Seele jedoch weiß von mehr.

(10)
Um sich als Kraft, als Segen
in mir auszuwirken,
braucht, was ich erbe, Achtung,
die nichts verschweigt
und die den Früheren
die Größe ihrer Schuld belässt,
auch jene nicht verleugnet,
die in mir selber weiterwirkt.
Ich stimme zu –
wie ich's, als ich geboren wurde,
längst schon tat.
Ich nehme alles und zum vollen Preis.
Das ist der schwere Satz,
der mich zugleich
belastet und entlastet.
Es ist an mir, daraus das Beste
und das Eigene zu machen.

Erbschaft

Wann immer Erbschaft uns erreicht,
ist sie ein schillerndes Geschenk.
Dem einen macht sie's Leben leicht.
Dem andern macht sie's Leben eng.
Die erste Erbschaft seines Lebens

erreicht den Menschen ohne Wahl
Sich wehren wäre ganz vergebens.
Erst später wird die Wahl zur Qual.

Den einen drückt es mühlsteinschwer als Bürde.
was man ihm aufpackt, geht er los.
Nimmt er's als Auftrag und als Würde,
macht es den andern stark und groß,

Wer erbt, ist glücklich, tanzt und lacht.
Beschenkt sein ist ganz liebenswert.
Doch erst, was einer damit macht,
macht es zu etwas, was ihn ehrt.

Je größer eine Erbschaft ist,
liegt auf ihr manche schwere Last.
Fragst du denn, wie viel Trug und List
du damit übernommen hast?

So manches ist am Erben schwierig.
Es macht die Menschen meistens gierig,
macht sie verlogen und durchtrieben,
macht die zu Feinden, die sich lieben.

Und auch dies ist Preis des Erbes:
Was andere zuvor erschaffen,
lässt deine eigne Kraft erschlaffen.
Das Glück ist Lohn eignen Erwerbes.

Was andere uns weitergaben:
Wer fragt, ob es auch zu ihm stimmt.
Was immer man von andern nimmt:
es ist nicht kostenfrei zu haben.

das schwierige erbe

was dir geschah
kommt auch zu mir

ich folge dir
ich bin dir nah

mach's wieder gut
wie schwer's auch tut
du schaust mir zu

ich tu es gern
ich tu's für dich
du bist nicht fern

es hat durch mich
die seele ruh

Das Gute und das Böse

Das Gute,
das ich von euch nahm,
erscheint mir leicht, willkommen,
das Böse
unerträglich und zu schwer.

Das Gute nimmt,
das Böse gibt
dem Leben
sein Gewicht.

Ich habe
nicht die Wahl.
Entscheiden kann ich nur,
wie offen ich es nehme.

damals

damals,
vor unvorstellbaren Zeiten,
ohne Handy, ohne Internet,
als wir als Buben und als Mädel
in getrennte Schulen gingen,

als wir die aufgestauten Fragen
uns heimlich ins Ohr flüsterten,
und tagelang verbotene Wörter
die Runde machten,
hinter dem Rücken der Lehrer,

oder im Konfirmandenunterricht,
das mühevolle Suchen
nach Stellen in der Bibel,
irgendwo im Alten Testament,
das alle Aufmerksamkeit ruinierte,

und auf der Suche nach Gelegenheiten,
mal eine schräge Aussicht,
ein schneller Blick in unbekannte Zonen,
beim Treppensteigen, beim Bücken
oder wenn der Wind ging,
auch die magische Anziehung
der Schlüssellöcher,
als es noch keine Sicherheitsschlösser gab,
und der Vorhangritzen
vor erleuchteten Fenstern,
oder die Toilettengänge,
beim Umkleiden am Badesee,
unerlaubt gebohrte,
immer wieder verstopfte Löcher
in die Nachbarkabinen,

damals,

waren unsre Wege länger,
unsere Geheimnisse zahlreicher,
unsere Sehnsüchte schlichter,
unsere Ängste präsenter.

Damals,
vor unvorstellbaren Zeiten,
glaub es oder nicht,
haben wir gelebt.

Reichtum (Mk 10,17ff)

Am Reichtum klebt,
was du nicht gerne siehst,
die Arbeit
und auch oft das Blut
derjenigen, die ihn schufen.

Doch auch dem Reichen,
kaum zu glauben,
und auch gleich,
wie er zu seinem Reichtum kam,
schlägt das Gewissen
ab und an.

Willst du vollkommen sein,
verkaufe, was du hast,
dann wird dir das Gewissen leicht,
sagt Jesus einem jungen Mann,
und gib's den Armen.

Betrübt, heißt es,
zog jener junge Mann davon.
Denn er war reich.

Na schön.
Doch wenn die Armen könnten,
Hand aufs Herz,
wählten sie nicht lieber
auch den Reichtum?

Geld

Der Mensch spricht ungern über Geld,
das er auf seinen Konten liegen hat,
doch anderseits beklagt er gern,
was er zu zahlen hat und was ihm fehlt.

Bedürfnislose Gottsucher

Es trug Johanes einst am Jordan
ein härenes Gewand, sonst nichts,
und lebte völlige Bedürfnislosigkeit.
Er wollte Vorbereiter sein
für Gottes nahes Reich,
den Himmel auf der Erde.

Sein Schüler Jesus tat's ihm gleich,
ein Wanderprediger wie der Täufer,
doch wollte er nicht bloß der Bote,
er wollte selbst Türöffner sein
für den ersehnten nahen Gott
und lebte das einfache Leben vor.

Das tat auch schon
aus reichem Hause stammend,
lang zuvor Siddhartha,
und lange nach ihm auch Franziskus.
Sie alle brachen mit den Eltern,
verzichteten auf Sicherheit.

Gib alles auf, was du besitzt,
und sorg nicht vor.
Mach's wie die Vögel.
Sie säen und sie ernten nicht
und werden dennoch satt.
Besinne dich auf deinen Kern.

Denn stimmt es nicht,
dass Reichtum und Besitz
die Seele fressen?
Dass sie uns binden
an die Dinge
statt uns zu befreien?

Nach jenen Großen kamen viele
und folgten ihnen nach,
gelockt von Unabhängigkeit
und Freiheit
und auf der Suche nach
Erleuchtung und Vollkommenheit.

Bis heute suchen Menschen
nach dem konsequenten Leben,
vorwiegend die jungen und gesunden,
die noch viel Kraft
und wenig zu verlieren haben,
und fallen aus dem Raster.

Sie pilgern weit nach Afrika und Indien.
Die andern wohnen in WGs,
und teilen ihre Kleidung.
Und manche schlafen unter Brücken
oder hocken bettelnd
in den Hauseingängen.

Treibgut am Rande des Konsums
ernähren sie sich karg von dem,
was andre nicht mehr brauchen
und üben sich
in heiliger Bedürfnislosigkeit.

Doch jeder arme Bettler
braucht auch jene,
die ihn mit ihrem Reichtum unterstützen.
Gar nichts zu haben ist bloß Illusion.
Wir brauchen Kleidung, Nahrung,
einen Platz zum Schlafen.

Ist betteln und containern
besser als besitzen?
Der Bettler nimmt von denen,
die es haben,
gestattet sich jedoch dabei
das bessere Gewissen.

Was gut tut

Was Leben schafft und schützt
und seiner Zukunft nützt,
ist gut. Fehlt nur, dass ihr es tut.

Bruder Franziskus

Bruder Franz,
der mit den Vögeln sprach
und die Sonne besang,
der den Besitz der Eltern verschmähte
und betteln ging,

bist für viele,
selbst für den Papst,
ein leuchtendes Vorbild,
lehrst sie das einfache Leben,
das sie verloren.

Bist denen, die eingebunden
in die Bedingungen der Zeit
in gesicherten Verhältnissen
ihr Geld verdienen
und ihr Auskommen suchen,

ein dauernder Stachel im Fleisch
gegen den wilden Konsum
der Gedankenlosen
und die eigenen
unscharfen Grenzen.

Unfertige Glückstage

Glück

Wie leicht lebt sich's im Augenblick!
Du schaust nicht vor und nicht zurück,
du willst nichts sammeln, nichts verwalten
willst keine Positionen halten,
und findest jetzt und hier dein Glück,

ein Glück, dass sich nicht sichern lässt:
weil ihr's im Handumdrehn vergesst,
kein Sorgen und kein Bangemachen,
nur Schauen und ein Kinderlachen,
so wird das Leben dir zum Fest!

Allein, der Mensch neigt nicht zum Gaffen,
will keine Zeit vertun, will schaffen,
will Geld und Gut zusammentragen,
will sicher gehen und sich plagen,
und sich verteidigen mit Waffen.

Der Mensch, er kämpft ums Glücklichsein
und rennt ins Gegenteil hinein.
Nichts könnte uns am Glücke hindern,
erlernten wir's von unsern Kindern.
Wie einfach könnte alles sein!

Hier und jetzt

Wie einfach sich im Hier und Jetzt
das Leben, wenn es nicht mehr hetzt.
Der Mensch ist nur noch Kreatur
und fällt zurück in die Natur,
die ihm allein die Regeln setzt.

Kein Streben, Sorgen, keine Gier,
es findet alles statt im Hier.
Geborgen ohne Uhr und Zeit
wird ihm der Himmel wieder weit,
der Mensch wird, was er war, zum Tier.

zweierlei Glück

Das Glück zu fassen
sei ein Kinderspiel,
sei wie ein Haschen
nach dem Wind.
Es käm geflogen,
brächte dich ins Laufen,
zum Lachen, Tanzen,
ins Schauen und ins Atem Schöpfen,
und bliebe doch dabei
stets in der Schwebe,
nicht berechenbar.

Das Glück,
so sagen andere,
kommt leider gar nicht angeflogen.
man muss es sich erkämpfen.
Es fällt nur selten in den Schoß.
Es ist ein Mühen, Ringen,
immer neu Versuchen
und manchmal Feilschen
um das beste Stück.
Die meisten Menschen
kriegen es nur
selten voll zu fassen.
Sie jagen ihm nach
und greifen ins Leere
wie nach Früchten,
die hoch oben hängen.

Der Mensch

Wie glücklich lebt es sich als Tier:
kein Zeitdruck, weder Geld noch Gier,
das Leben ganz unkompliziert,
wenn es die Angst vor sich verliert.
Es löst sich auf im Jetzt und Hier.

Was nun? Spul doch die Zeit zurück
und leb dein Leben wie Geschick!
Dann wärst du nichts als nur Natur,
die einfach ist und lebt wie pur.
Dann gälte nur der Augenblick.

Es schrumpften deine Sorgen ein,
du lebtest in den Tag hinein,
kein Gott, kein Staat, der dich bewacht
und dir das Leben schwierig macht.
Du brauchtest einfach nur zu sein.

Jedoch der Mensch, im Jetzt und Hier,
er ist, wie jeder weiß, kein Tier,
er muss um gut und böse ringen,
muss kämpfen, siegen und gelingen
und manchmal wüten wie ein Stier.

Weil er vom Baum des Wissens aß,
ist Zweifel nun sein Lebensmaß.

Nichts ist gegeben, alles offen,
nichts ist gewiss, du kannst nur hoffen,
und Mensch zu sein ist nicht bloß Spaß.

der Augenblick

Ach würde dieser Augenblick
einhalten und verweilen
und blieben Raum und Zeit zurück
und hörten auf zu eilen!

Ich stünde still im Jetzt und Hier,
als sei ich angekommen,
und fühlte mich und wäre schier
erleuchtet und vollkommen.

vertrieben

Es trennt den Menschen von den Affen,
dass letztrer mit sich einig ist.
Der Mensch hingegen als Solist
muss kämpfen, raffen, muss erschaffen,
was er sich als sein Heil zumisst.

Mephisto nennt es höchstes Glück:
nichts wollen, ohne Gier, allein
und ganz in seiner Mitte sein,
verweilen, ganz im Augenblick,
kein Suchen, Haben, mein und dein.

Der Mensch ist ein entlaufnes Tier.
Vertrieben aus dem Paradies
sucht er, was einst ihm Glück verhieß.
Ankommen möchte er im Hier
und jagt dem nach, was ihn verstieß.

Der Buddha

Der Buddha sitzt behäbig im Regal
und lächelt unsern Sitzversuchen zu.
Vielleicht, wer weiß, erleidet er auch Qual,
vielleicht macht er sich lustig, das Filou:
nun übt mal schön das Nichtstun und das Lassen,
bis irgendwann nur leere Mitte bleibt,
bis alles Lieben stirbt und alles Hassen,
euch kein Begehren und Gedanke treibt.

Welch eine Aussicht, Leben sitzend zu gewinnen!
Nicht rennen, jagen, eifern, keine Hast,
nur ruhig sitzen, und du lässt die Stunden rinnen,
die Welt wird einfach und verliert die Last.
Ach könnten wir das Leben so genießen,
so absichtslos und ohne einen Plan,
kein Kämpfen mehr, kein Siegen. Nur noch fließen.
Und alles, was wir brauchen, ist getan.

Der Buddha sitzt und lächelt weiter weise.
Der hat das Ganze glücklich hinter sich.
Dagegen uns, bedauerlicherweise,
plagt unser Alltagskram noch fürchterlich,
wir müssen leider Geld verdienen,
wir müssen täglich auf die Arbeit gehn.
Wir müssen schuften und auf vielen Bühnen
uns zeigen, streiten, nach dem Rechten sehn.

Oh Buddha, du vielleicht Erleuchteter,
wie klar, wie stimmig ist doch deine Welt!
Dagegen ich - bin, sag ich mal, durchfeuchteter,
versumpft, von Unvollkommenheit umstellt,
ich bin verstrickt in lauter Alltagsdingen,
verwickelt in Konsum und Nachbarstreit,
ich sitze fest und bin am Kämpfen und am Ringen,
aus dem, glaub ich, kein Sitzen mich befreit.

Lebensregeln

Lass, was vergangen ist, ziehen.

Stell dich den heutigen Mühen.

Trenn dich von dem, was zu viel ist.

Suche den Raum, wo es still ist.

Achte das, was dir gegeben.

Liebe und schütze das Leben.

Feiere gern deine Feste.

Mache aus allem das Beste.

Schau, dass du reichlich verschenkst.

Gib etwas mehr, als du denkst.

Öffne dankbar die Hände.

Finde mutig das Ende.

Lob der Hängematte

Als einst wir in der Wiege lagen,
war's unser erster Liegewagen.
Wir konnten frei im Wagen liegen
und uns in allen Lagen wiegen.
Wer davon eine Menge hatte,
schwärmt später von der Hängematte.

Allein, zu zweit sich wiegen, schweben,
am Glücke ganz verschwiegen weben,
den Tag vergessend, leise wiegend,
wird man gelassen, weise – liegend!

Du ruhst, gerahmt von sachten Träumen,
die sanft dir Sein und Trachten säumen
und den Geschmack vom „Mattenhängen"
in alles, was wir hatten, mengen.

Hier weilst du gerne: Stunden, Wochen,
selbst wenn dir Mücken Wunden stochen,
nichts ist so schön wie lindes Wiegen,
im Pendelschlag des Windes liegen,
wenn Stress und Hektik, Laufen, Hasten
abfällt vom Hals als Haufen Lasten.

Du musst nichts tun, nicht drängen, sinnen,

lauscht nur nach den Gesängen drinnen,
brauchst nicht, was andre lallen, fassen.
Hier geht's schlicht nur ums Fallen-Lassen.
Du wirst auf leichte Art sacht-matt.
Die Matte, kurz gesagt, macht satt.

Die Welt entschleunigt sich, läuft sacht.
Was sonst die Seele leersäuft, lacht.
Bedenke diesen Geist der Matte!
Den, weiß man, schätzt auch meist der Gatte.
Schon einst war's unsre liebste Bleibe
in Mutters (gerne bliebste!) Leibe,
wo schaukelnd wir ins Leben schwankten,
zu jedem Ziel im Schweben langten.

So lernst du in der Matte weilen,
läufst nebenbei – in Watte – Meilen.
Das merkt ein Mensch sich, liebt die Wiegen,
und schunkelt gern und wiegt die Lieben.
Mal hin, mal her, so weben leise
und spinnen wir das Leben weise.
Ach schaukeln! Unser achter Sinn!
Nichts führt zur Mitte sachter hin.

Die Wahrheit (Joh 18,38)

(1)
„Ich zeuge für die Wahrheit",
so legt das Johannes-Evangelium
es Jesus in den Mund,
vor seinem Richter stehend.
So viele standen schon
vor Schranken des Gerichts
und legten Zeugnis ab
für ihre Wahrheit
und schworen es bei Gott:
„Hier stehe ich, ich kann nicht anders!"

Was ist Wahrheit?
antwortet ihm der Skeptiker Pilatus.
Wer sagt uns denn,
was wahr und gut und einzig richtig ist,
was uns die Regeln setzt,
auf das wir uns verlassen können?

(2)
Es sucht der Mensch,
seit er vom Baume der Erkenntnis aß,
vertrieben aus dem Paradies der Unschuld,
verzweifelt nach der Wahrheit:
Wer bin ich? darf ich sein?
Was muss ich tun und darf ich hoffen?
Und was ist wahr?

Wie er auch sucht und fragt,
er weiß doch nie, ob das,
was er sich denkt,
was er sich wünscht,
und was er glaubt,
dass es die Wahrheit sei,
sich dann als wahr und als robust erweist,
und ob es sein und unser aller Leben trägt.

(3)
Soweit es um das Denken geht,
was Wissenschaft uns lehrt,
löst sich die Suche nach der Wahrheit auf
in vorläufige Wahrscheinlichkeiten,
gestattet uns nur Näherungen
an die Wirklichkeit,
die sich fortwährend ändert,
je nach dem Stand unseres Erkennens.
Wir müssen damit leben,
dass, was wir jetzt für wahr halten,
immer nur so lange gilt,
bis neue Kenntnis uns des Besseren belehrt.

(4)
Wenn es um unser Wünschen geht,
um das, wonach sich unsre Seele sehnt,
begegnet jeder nur sich selbst
und seiner eignen Wahrheit,
wie sie in Resonanz mit seiner Welt

sich in ihm formte, in jedem anders,
wie sie in jedem blüht und glüht
und jedem anderes ins Leben mitgibt.
Die Wahrheit,
nach der wir greifen möchten,
spaltet sich auf in ungezählte Wahrheiten.

(5)
Was Wunder, dass der Mensch sich sehnt
nach Wahrheit,
die grundsätzlich und für jeden gilt.
Nur die geglaubte Wahrheit
bleibt unwiderlegbar,
beansprucht Gültigkeit
für alle und für alle Ewigkeit –
doch um den Preis,
dass nur der Glaubende sie glaubt.
Und noch ein Makel hängt an ihr:
Geglaubte Wahrheit,
sei sie noch so freundlich,
erduldet keinen Widerspruch.
Sie macht die Menschen hart.
Und wenn es hart kommt,
sterben sie und oft auch andere
für ihre Wahrheit.

Lüge und Wahrheit

*Ein Mensch,
selbst wenn sie ihn erschlügen,
schwört, andre niemals zu belügen,
weil's sein Gewissen nicht erlaubt.
Doch kann er durchaus, bis er's glaubt,
sich selbst belügen. Aller Welt
erzählt er nun ganz unverstellt,
was er für seine Wahrheit hält.*

zufrieden

Bist du zufrieden
mit deinem Leben?
frag ich ihn.
Ich hab, sagt er,
ein Kind gezeugt.
ein Haus gebaut
und einen Baum gepflanzt.
Ich hab mein Soll erfüllt,
Ich kann zufrieden sein.

Ich frage
einen anderen Freund.

Ich war, sagt der,
mein Leben lang bemüht,
ich hab mich angestrengt.
Das wollte ich gern sein:
ein verlässlicher Partner,
ein liebevoller Vater.
ein guter Freund.
Ich hoffe,
es ist mir ein wenig gelungen.
Außerdem hab ich
Verantwortung übernommen,
das nötige Geld herangeschafft
und mich engagiert
für das Gute.

Eigentlich
kann ich mir nichts nachsagen.
Nur meine Ehe war nicht gut.

Dann frag ich
einen anderen:
Bist du mit dir im Reinen?

Er sagt:
Ich habe meine Wände
selbst gestrichen, öfter neu,
ich habe die Bilder selber
ausgesucht und aufgehängt
und wieder abgerissen,
ich bin mir immer treu geblieben,
manchmal zusammen,
meistens allein.
Das war bisweilen schwierig.
Aber es war mir wichtig.

Noch einmal frag
ich einen anderen:
Hast du erreicht, gefunden,
was du suchtest?
Ich habe, sagt er,
mich oft gestritten,
vor allem mit mir selbst,
gelegentlich auch versöhnt.
Ich war nie sicher.

Ich habe mühsam durchgehalten
bis jetzt.

Ich frage mich:
Wer kann,
wer will,
wer soll ich sein?
Was macht mich
zufrieden?
Wie wuchert man
mit seinen Pfunden?
Wann sage ich:
Ich hab das Beste draus gemacht?

Wer ich bin

Wer bin ich? Spieglein, Spieglein, sprich!
Erkläre und bekenne mich!
Zeig mir, und schone kein Tabu,
mein Ich, dass ich mir werd zum Du!

Ich schaue lange mein Gesicht,
und wer ich bin, ich weiß es nicht.
Ein Fremder schaut mich fragend an.
Bin ich das, was ich sehen kann?

Bin ich, was man von außen sieht?
Bin ich, was aus den Augen sprüht?
Bin ich, was meine Miene spricht?
Und meine Seele sieht man nicht?

Was kann ich heimlich bei mir halten?
Was offenbaren meine Falten?
Was sagt es, wenn mein Haar mir graut?
Wovon berichtet meine Haut?

Es sieht mir keiner in die Stirn
und niemand fahndet mir im Hirn.
Was mich bewegt, das bleibt geheim.
Ich führe andre auf den Leim.

Und trotzdem bilden wir uns ein,
wir sähen uns ins Herz hinein,
erfühlten es mit Röntgenblick,
was unser Schaden, unser Glück.

Was man sich zeigt, hat zwar Gewicht,
doch andrerseits auch wieder nicht.
Im Spiegel komme ich davon.
Man sieht halt ein Chamäleon.

Wer ich nicht bin

Ich bin
schau ich genauer hin,
zumeist nur der, der ich nicht bin.

Ich bin,
wer ich am liebsten wär.
Es fällt mir schwer: der bin ich nicht.

Ich bin,
wie du mich gerne hättst.
Wie mich das ätzt. Der bin ich nicht.

Ich bin
mein eigner Kopf, lenk mein Geschick
mit klarem Blick. Der bin ich nicht.

Ich bin
wie ich mich einst verbog, bloß Spuren,
die man in mir zog. Der bin ich und der bin ich nicht.

Ich bin
das, was mich treibt und schiebt
und hasst und liebt. Ich bin es, ja, und bin's doch nicht.

Ich bin
ein Fleisch, das ächzt und kracht
und Mühe macht. Ich bin's und bin's auch nicht.

Ich bin
so viele bin ich nicht, ich seh's,
versteh's und manchmal nicht.

Hitzkopf

Ich bin geduldig, höre zu.
Ich lasse, was geschieht, erst mal so sein.
Ich warte lieber ab, eh ich was tu
und fresse Ärger lieber in mich rein.

Doch eigentlich, das weißt nur du,
bin ich ein Hitzkopf, gar nicht kalt.
Ich geh, kommst du mir ungerecht, im Nu
auf Gegenkurs und bin nicht angeschnallt.

Dann schießt das Blut mir ins Gehirn,
und die Synapsen schrein Alarm.
Und was ich denke, lässt sich nicht entwirrn,
und was ich sage, stammt aus meinem Darm.

Besser ich wäre anders

Besser ich wäre als Junge geboren
wie meine Eltern es hofften.
Besser ich wäre nicht links, sondern rechtshändig;
das hätte mir mühsames Umlernen erspart.
Besser ich wäre nicht weiter gewachsen
und könnte Normalgrößen tragen.
Besser ich wäre hellhäutig zur Welt gekommen,
wie die begünstigte Hälfte der Menschheit.
Besser mein Busen wär kleiner gewachsen,
es hätte mir manche Beschwernis erspart.
Besser meine Großmutter lebte noch,
bei der ich mich immer gut aufgehoben wusste.
Besser ich wäre nicht behindert
und könnte auf Extrabehandlung verzichten.
Besser ich hätte im Sommer Geburtstag,
wenn man draußen feiern kann.
Besser ich hätte strahlende Augen,
an denen sich andre festsehen.
Besser ich hätte einen gesunden Körper,
der mich nicht fortwährend einschränkt.
Besser ich hätte reiche Eltern,
um mir die Wege ins Leben zu ebnen.
Besser ich hätte Geschwister,
mit denen ich zusammenhalten könnte.
Besser ich wäre klüger, sportlicher, schöner
und könnte mich besser verkaufen.
Besser ich wäre im Süden geboren,
wo es immerfort warm ist.

Divers

Bist du divers,
bist du frei,
bestimmst du allein,
wer du bist
Frau oder Mann oder beides
oder auch gar nichts von beidem,
bleibst einfach offen,
mal sehen, wie's kommt.

Bist du divers,
lässt du dich nicht
sexuell definieren,
in Schubladen stecken,
nicht von den Eltern,
nicht von der Gesellschaft
und auch nicht
von deinem eigenen Körper.

Bist du divers,
bist du Nonkonformist,
legst dich nicht fest,
verachtest du Regeln,
verabscheust Verbote,
hältst dir polyamor
sämtliche Wege
zu anderen hin offen.

Bist du divers,
bist du Individualist,
nimmst dir das Recht,
du selbst zu sein.
Nichts muss, alles kann,
ist dein Wahlspruch.
Die anderen werden
sich daran gewöhnen.

Bist du divers
wählst du den Weg
der Erlaubnis,
und die FDP,
die dir die geringsten
Einschränkungen
und die größtmögliche
Freiheit verspricht.

Gezwister

Wir waren und bleiben ein Leben lang immer
die Ältesten, Mittleren, Jüngsten,

wir bleiben, wie alt wir auch werden,
der anfänglichen Hackordnung treu.
Ob wir ersehnt oder unpassend kamen,
als Vater-, als Mutterkinder, bleibt an uns kleben.

Jeder von uns findet schon früh
und besetzt seinen Platz,

Überflieger und Vorzeigekind,
krankes und Sorgenkind,

lächelnd und brav, widerspenstig und aufsässig,
Eigenbrötler oder Hansdampf, Plappermaul oder schweigsam,

elterlich-fürsorglich, dominant und kritisch die einen,
kindlich-rebellisch, leichtlebig und planlos die andren.

Wir kennen uns bestens, wir passen aufeinander auf.
Wir müssen uns aushalten und halten uns aneinander fest.

Wir sind uns Vorbilder
und beäugen uns auch als Konkurrenten.

Aus gleichem Hause stammend sind wir nicht gleich,
könnten bisweilen verschiedener nicht sein.

Erbitterte Freunde,
geliebte Feinde.

Gezwister.

Das Geschlecht

Als ich geboren wurde
stellten meine Eltern mit Bedauern fest,
dass ich ein Mädchen war.
Es war noch nicht möglich,
geschweige denn in Mode,
zuvor das Geschlecht zu bestimmen.
Ich bin nicht sicher,
ob ich sonst eine Chance bekommen hätte
zu leben.

Als ich älter wurde,
stellte ich mit Bedauern fest,
dass ich mich in meinem Geschlecht
nicht zu Hause fühlte.
Schwul oder lesbisch sein stand noch unter Strafe,
und ich musste ein geheimes Leben führen.
Ich bin nicht sicher,
wie ich sonst hätte leben können.

Als ich erwachsen war,
stellte ich mit Bedauern fest,
wie wenig es mir gelang,
meine Geschlechtlichkeit
fröhlich zu teilen.
Ich hatte kein Bild in mir,
dass mir dazu mutgemacht hätte.

Ich bin nicht sicher,
ob ich nicht ohne sie
besser ausgekommen wäre.

Als ich alt geworden war,
stellte ich mit Bedauern fest,
dass mir der Gebrauch meines Geschlechts
abhanden gekommen war.
Ich bin nicht sicher
ob nicht der Schwund des Geschlechts
Hand in Hand ging
mit dem Schwund meiner Lebendigkeit.

Gebranntes Kind

Echo

Mein Leben ist
ein Betrug.
sagt sie,
man hat mich
in die Welt gesetzt
und wollte mich nicht.

Sie waren
nur äußerlich für mich da,
sagt sie,
ich war ihnen
lästig.
ich hatte keine Chance.

Deshalb
führe ich Klage,
sagt sie.
Ich schreie.

Aber ich höre,
sagt sie,
nur mein Echo.

gebranntes kind

gebranntes kind
kein mensch
der hinsehn
wissen
oder glauben will

geschlagenes kind
kein versteck
in das gewalt und gier
nicht doch
gefunden hätten

einsames kind
keine hand
die verlässlich wäre
kein ort
ohne angst

gezeichnetes kind
kein entkommen
und verdrängen
vor der scham
besudelter seele

verlorenes kind
leergefegte erinnerung

ausgelöscht
verstummt und
ohne trost

enteignetes kind
befleckter leib
besetztes land
erstarrtes fleisch
totes gefühl

Prinzessin Seidenblick

Die Jüngste, sanft mit langem Haar,
Prinzessin Seidenblick,
die immer Papas Liebste war,
hat es genossen manches Jahr,
beneidet um ihr Glück.

Weil es ganz unvorstellbar war,
sah niemand besser zu.
Sie wusch sich ewig Leib und Haar,
und hoffte, es sei abwaschbar
und wahrte das Tabu.

verloren

nicht gewollt
nicht gesehen
nicht berührt

gebärerin
erzeuger

meine stimme
schrie
sich leer

meine hände
verkrallten sich
im nichts

meine augen
stürzten
ins bodenlose

verlorenes kind
mich findet
niemand

Zombi

Geboren bin ich
irgendwann
zur unbequemen Zeit
an mir ist alles falsch

ich war nicht so
wie man mich wollte
ich war nicht eine
die man gerne hielt

ich bin verkehrt
im falschen Leben
verloren
und vergessen

ich bin ein Zombi
ein Alien
ein hohler Körper
ohne Blut

und doch,
wenn ich verletzt werde,
fließt es warm und rot
aus mir heraus

Die Tür

Wie oft hab ich
auf diese Tür gestarrt,
gewartet und
die Kinderaugen wundgesehn,
die Ohren aufgespitzt,
den Atem flachgestellt.

Und während ich
wie teilnahmslos
in mich versunken und nicht da,
einfach nur saß,
war ich von innen her
doch ganz Alarm.

Ihr habt mich nicht gesehen,
nicht mitgenommen,
mich nicht abgeholt.
Ihr seid gegangen
durch die Tür
und habt sie zugemacht.

Längst trag ich große Schuhe
und starre immer noch auf Türen.
Ich schau auf das,
was doch nicht kommt.
Die Augen tun mir weh.
Das Warten habe ich gelernt.

Hass

Ein Mensch,
von Hass und Wut getrieben,
zerstört, was andere Menschen lieben.
Doch alles Hauen, Wüten, Jagen
kann seinen Selbsthass nicht erschlagen.

Groll

Dem, der mit Groll nach hinten schaut,
wird vorn die Zukunft zugebaut.

Rückwirkung

Hass färbt das Gesicht und macht es hässlich,
Verbittert schmeckt alles bitter und grässlich,
Groll vergrellt uns das Leben, macht stumpf.
Wie gerne versinkt man im eigenen Sumpf!

Rumpelstilzchen

Niemand weiß
wie ich heiß
kennt den Pakt
sah den Akt

Hinterm Berg
haust der Zwerg
tanzt im Schein
ganz allein
ungeheuer
wild ums Feuer

Gier ist geil
jedem sein Teil
zweifacher Deal
infames Spiel
Sex für Geld
Blinde Welt

verkauftes Kind
weiß nur der Wind
Niemand weiß
wie ich heiß

Vergissmeinnicht

Blau blüht das Kraut Vergissmeinnicht.
Steckst du es dir ins Haar,
umkränzt es leichthin dein Gesicht
und färbt dich ein, du siehst es nicht,
mit Blaulicht wie Gefahr.

Es holt der lichte Blütenkranz
ein Stück vom Himmel her.
Und schmückst du dich mit ihm zum Tanz,
verschenkt er deinen Augen Glanz
und macht das Haar dir schwer.

Das blaue Blümchen wunderbar
blüht dir so nah und fern
und malt dir ein ums andre Jahr
ins Haar, was dir das Liebste war,
als trügest du es gern.

Die Tränen alter Not

Es flog mich an aus Weiten,
ich merkte es erst nicht.
Beim Zwiebelschälen, Häuten,
griff es mir ins Gesicht.

Ich führte mit der Knolle
den unscheinbaren Kampf.
Sie nahm mir die Kontrolle.
Ich schmolz im scharfen Dampf.

Mir schwemmten die Pupillen,
ich rieb sie wund und rot,
und wider eignen Willen

ertrank ich trotz Verbot
und konnte sie nicht stillen
in Tränen alter Not.

fliegen

Ich träumte einst, ich könnte fliegen,
dass niemand mich erreicht,
wie eine Feder aufgestiegen
sah ich die Welt von oben liegen,
war vogel-frei und leicht.

Ach Nacht, du wurdest immer wieder
mein himmlisches Asyl!
Wie Ikarus wuchs mir Gefieder.
Ich weiß, er stürzte tödlich nieder
im Sonnenhochgefühl.

Mir hat für Stunden in der Nacht
sich meine Welt verkehrt.
Wenn auch nur Traum, nur ausgedacht,
hat es mich kräftiger gemacht
und ließ mich unversehrt.

Mann und Frau

Mann sein

Frauen werden oft besungen,
selten Männer, selten Jungen.
Heute ist der Mann mal dran.
Heut besinge ich den Mann!

Ich habe gründlich recherchiert,
ich hab mich selber konsultiert,
ich habe Mann für Mann befragt,
was ihn bewegt und was ihn plagt.

Was will der Mann? Was treibt ihn weiter?
Was macht ihn traurig, macht ihn heiter?
Was lässt ihn strahlen, schlägt ihm Wunden?
Am Ende hab ich's rausgefunden.

Von der Wiege bis zur Bahre
lenkt ein Thema seine Jahre,
macht ihn fröhlich, macht ihn krank,
scheuert seine Nerven blank:

Alles kreist, von Anfang an,
leider gar nicht um den Mann,
ist mitnichten Nabelschau.
Alles kreist stets - um die Frau.
Wer mir das nicht glauben kann,
hör sich die Beweise an.

Es geht schon los an jenem Tag,
als Mann mit Frau zusammenlag.

Die beste Zeit, ganz ohne Frage,
bleibt dann die sehr bequeme Lage,
als kostenfrei bei Nacht und Tag
man warm im Bauch der Mutter lag.

Kommt nun der Zeitpunkt der Geburt,
sind alle Wege vorgespurt.
Der ersten Jahre größte Lust
sind Mutters Augen, Mutters Brust.

Er klebt an ihr wie eine Klette,
verfolgt sie auch auf die Toilette,
tut einfach alles für dies eine
und hängt ihr unentwegt am Beine.

Dann will er endlich selber gehn,
allein und trotzig. Er wird zehn.
Doch braucht er manchmal noch zum Schmusen
den wohlvertrauten Mutterbusen.

Du denkst, dann hat er sich entdeckt.
Doch wechselt er nur das Objekt.
Er reift heran, wird groß, ermannt sich,
schaut jedem Mädchen nach - mit zwanzig.
Die Frage lässt ihn fortan beben:
Wie finde ich die Frau fürs Leben?

Er treibt viel Aufwand, kämpft sich schweißig,
bis er sie hat; da ist er dreißig.

Jetzt, denkt er, wird es schön – und irrt sich:
Der Partnerstress beginnt mit vierzig,
Sie will nicht so, wie er es dächte.
Die Kinder rauben auch die Nächte.

Karriere, Hausbau: so versümpft sich
der Mann im Lebenssumpf mit fünfzig.
Inzwischen schwächelt seine Liebe.
Es knirscht im Partnerschafts-Getriebe.

Was lang er schleifen ließ, das rächt sich,
erreicht ihn spätestens mit sechzig.
Die Krise hat die Lust gehäckselt.
Vielleicht, dass er die Frau jetzt wechselt?

Vielleicht, mit Mühe, Schweiß und Kraft,
kämpft er auch für die Partnerschaft.
Jetzt wär es gut, und er verliebt' sich
noch mal in seine Frau mit siebzig.

Kann sein, er schenkt auch mehr Bedacht sich,
und wird verträglicher mit achtzig.
Er merkt, mit seiner Frau geht's gut,
wenn man sich neu zusammentut.

Dann liegt, nach allem Kampf, und bräunt sich,
im Liegestuhl er fit mit neunzig,
vielleicht allein, vielleicht zu zweit,
in wachsender Gelassenheit,

und, eingedenk vergangner Schrecken,
die in ihm bloß noch Lächeln wecken,
küsst seine Frau er, die sich wundert.
So bringt die Frau den Mann auf hundert.

Weiblich

Sie ist nicht fein.
Sie ist nicht klug.
Sie ist gewöhnlich
und meschug.
Aber unbeschreiblich
weiblich.

Männliche Lebensalter

Am Wickeltisch zeigt sich's schon an:
Im Bogen pinkelt nur der Mann

Als Räuber, Indianer gehn:
So will's der Junge, ist er zehn.

Leicht ungepflegt, geruchlich ranzig
erlebt ein junger Mann die Zwanzig.

Dann macht die Partnersuche fleißig,
er schafft und baggert und wird dreißig.

Er landet an, ist froh – und irrt sich:
nur Pflichten, Kinder, Haus: mit vierzig.

In Arbeit, Stress und Bier versümpft sich
der Mann im Lebenssumpf mit fünfzig.

Und was er schleifen ließ, das rächt sich,
die Krise kommt bestimmt mit sechzig.

Noch immer schafft er, gut, das gibt sich,
doch läppert sich's dahin bis siebzig,

dann schenkt er, klüger, mehr Bedacht sich,
und fühlt sich eher wohl mit achtzig,

liegt manches Mal sogar und bräunt sich
im Liegestuhl und macht mit neunzig

die eigne Frau an, die sich wundert.
Vielleicht wird er sogar noch hundert.

Die Hälfte des Himmels

Die Hälfte des Himmels
tragen die Frauen,
posaunte, oftmals zitiert,
Mao, der große Vorsitzende,
bekannt nicht gerade als Frauenversteher,
besser als Schürzenjäger,
in die an seinen Lippen hängende Welt.

Als er vom Tragen sprach,
wählte Genosse Mao ein hinterhältiges Wort.
Frauen tragen neues Leben im Bauch,
sie tragen ihre Haare gewunden und offen
und Schmuck und Kleidung zur Freude,
sie tragen Wärme und Liebe
und manchmal Zank ins Haus,
sie tragen das Holz für die Öfen zusammen,
sie tragen die Verantwortung für die Kinder
und holen dabei bisweilen den Himmel her.

Frauen ertragen, halten aus, machen durch und erdulden,
was Männer ihnen antun und von ihnen verlangen,
sie ducken sich vor ihnen, fügen sich
und tragen die Lasten ungleich verteilter Macht.

Die aus der Rippe des Mannes geformte Eva:
War sie je mehr als Adams Gehilfin?
Welche Hälfte des Himmels hätte sie denn getragen?
Und wer, fragen manche, trug dann die andere Hälfte?
Trug Eva je die schöne Hälfte des Himmels?
Trug sie nicht eher die dunkle, schwere,
und auch die nur in Wolken versteckt?

Seit Menschengedenken,
vermutlich seit zehntausend Jahren,
als es Sache der Männer wurde, Besitz zu verteidigen,
Hausstand und Frauen und Kinder,
ist die Beziehung der beiden Geschlechter
eine Geschichte der ungleichen Macht.

Nennst du Macht haben den Himmel tragen?
Dann zog der Himmel an Frauen fast gänzlich vorbei.
Dann haben sie Ohnmacht ertragen.
Bis heute sind sie in zahllosen Ländern der Erde
Männergewalt unterworfen,
schutzlos, machtlos und rechtlos,
nur selten vollkommen gleichgestellt.

Auch in unserem Land
werden noch heute und täglich Frauen geschlagen,
missbraucht, vergewaltigt, zur Prostitution gezwungen.
Politik, Herrschaft, Krieg und Gewalt
sind rund um die Welt
Domänen der Männer.

Welchen Himmel tragen die Frauen
und welchen die Männer?
Ist der Himmel ein Himmel der Täter?
Ist der Himmel Symbol für das Glück?
Wer von beiden ist näher am Glück?
Der Himmel der Frauen ist anders
als jener der Männer.

Der Mann

Ein Mann
sei er dümmer
oder schlimmer
kann
immer

Die schöne Welt der Frau

Da stehn sie
hingestellt und hergemacht,
und winken linkisch in die Menge,
als würden sie sich freuen,
dass ihr geliebter Gatte
das Rennen machte.
Was sie wohl dabei denken?

Da sitzen sie lasziv
auf Motorhauben
(nur selten hinterm Steuer)
und zeigen Beine.
Sie stellen Ware aus,
die wir uns denken sollen.

Da prangen sie
auf den Journalen,
auch den von Frauen
gern gekauften.
Längst sind wir es gewohnt.
Kaum einer denkt sich was dabei.

Da machen sie sich schön
und schminken sich,
behängen sich mit Schmuck
und tragen schicke Mode.
Sie zeigen sich.

Und jeder denkt:
Das ist die schöne Welt der Frau.

Als Frau in diesem Land
musst du dich nicht verstecken,
wirst nicht in Burka, Tschador,
Kopftuch eingepackt
und nicht ins Haus verbannt.
In diesem Lande brauchen wir
den internationalen Frauentag
nur noch als Geste des Gedenkens.

Als Frau in diesem Land
stehn dir nach über hundert Jahren Kampf
fast alle Wege offen.
Als Frau in diesem Land
kannst du dich geben wie du willst.
Nur Reste fehlen noch im öffentlichen Leben,
denkst du vielleicht.

Du irrst. Der Unterschied sitzt tiefer.
Denn du gehörst nun einmal doch
zum schöneren Geschlecht
und musst dich, dich zu mögen,
und nicht zuletzt, damit ein Mann dich will,
in deiner Schönheit zeigen.
Du musst dich schon
an jedem Morgen neu, bedenke es,
entsprechend aufbereiten.

Die Frauen

Ein Kriegerdenkmal
an der polnischen Grenze.
Es sind lange Tafeln.

Ich lese die zahllosen Namen
und ich frage:
Wo sind die Frauen?

Trifft Krieg und Tod
allein die Männer
an Waffen und hinter Kanonen?

Was war mit den Frauen,
den Müttern, Schwestern und Töchtern?
Befanden sie sich etwa nicht auch im Krieg?

Sie haben daheim ausgehalten.
Sie haben mitgekämpft ums Überleben.
Sie haben manche Heldentat vollbracht.

Doch haben sie sich rausgehalten?
Haben sie nicht ihre Männer scharf gemacht
und ihre Söhne vorbereitet?

Haben sie nicht mitgeschrien,
die Fahnen rausgehängt,
kein bisschen weniger überzeugt?

Waren sie nicht,
wie die Männer,
Täter und Opfer zugleich?

Aber wo in der Welt
mahnt ein Gedenkmal
irgendwo im Ort, vor einer Kirche,

das die Toten nicht vergessen lässt,
die für das Vaterland und so weiter,
wo weist ein Denkmal auf die Frauen hin?

Täter und Opfer

Die Männer werden in
den Krieg geschickt
von Männern,
denen sie gehorchen müssen.
Sie lernen andre Männer zu erschießen
und zahlen selber
mit dem eignen Leben.
Sie werden angehalten
zu zerstören, zu vernichten,
was andere in vielen Jahren sich erbauten.
An ihren Händen klebt,

auf ihren Seelen lastet
das Blut der Menschen,
die sie niemals kennen lernten.
Für Volk und Vaterland
lernt man das Töten und das Morden,
und es ist gleich,
ob gerne oder ob nur auf Befehl.

Die Frauen, ach,
was ist jetzt mit den Frauen?
die daheim allein das Leben meistern lernen,
die Kinder schützen,
die Verletzten pflegen
und warten, bangen, Hände ringen,
ob ihre Männer heil nach Hause kommen.
Ob sie als Opfer der Gewalt
das bessre Teil erwählten?

Krieg – Männerwerk und Handwerk?
War'n nicht die Frauen in diesem Land
ebenso erfasst vom Kriegstaumel,
und haben sie nicht auch
begeistert mitgejubelt auf den Plätzen
und ihre Männer angeschärft
und ihrem Führer ihre Kinder stolz geboren?
So war's in unserm Land,
doch war es jemals anders anderswo?

Die einen kämpfen
und die andern schreien mit.
Die einen fallen
und die andern trauern.
Ob Männer oder Frauen,
sie haben beide auf je andre Weise
mitgemacht,
als Täter wie als Opfer.

Frühling Sommer Herbst und Winter

Karfreitag

Schon wieder meldet sich
ein neues Jahr mit ungehemmten Trieben,
verlangt, als wäre nichts geschehen,
Vergessen und schlägt schamlos aus.

Ich meinerseits bin noch im Kern gefroren.
Für mich ist dieser Winter nicht vorbei.
Ihr stehlt mir meine finstren Tage!
Ich bin noch nicht bereit für frisches Grün.

Ich wohne noch in Dunkelheiten.
Ich fühle mich getroffen und beschädigt.
Ich bin verletzt, gekränkt und voller Groll.
Was wisst ihr denn von meinen alten Wunden?

Ich habe meine Bitterkeiten
noch nicht genug herausgeschrien.
Ich muss noch trauern, klagen und verstehen,
eh neues Gras die Narben überwächst.

Mir steckt Karfreitag noch in allen Gliedern.
Ich brauche Zeit. Und Einsicht, eh ich mich ergebe.
Mir kommt das Ostern noch zu früh,
und Auferstehung ist für mich noch weiter hin.

Auferstehung

Wenn aus dem Jahr die Winterkälte weicht,
steigt wieder Mut ins Überleben.
Was sonnenarme Tage ausgebleicht,
nimmt Farbe auf, um sich ins Licht zu heben.

Verborgne Mächte sammeln frische Kräfte,
durch tote Erde brechen junge Triebe,
ziehn aus den Tiefen unbekannte Säfte
und treiben Blüten, Zeichen ihrer Liebe.

Was immer lebt, steht auf, kommt in Erregung,
in alles Leibliche steigt Blut, sucht Raum
und setzt mit Macht die Glieder in Bewegung
und weitet Haut und Naht und Saum,

bereit zur Häutung und zum Sprung.
Das Leben bläst zur Flurbegehung
und schüttelt sich und macht sich jung
und feiert seine Auferstehung.

Frühling

Es tanzt der Frühling vor mir her.
Er treibt mit mir sein Spiel.
Er macht mir's leicht und macht mir's schwer
und fragt nicht, ob ich will.

Ein Hauch weht her, ein zarter Duft
verbreitet sich ins Land,
begleitet jeden Zug der Luft,
betäubt mir den Verstand.

Ob ich es will und ob ich kann,
mich lockt sein Zauberwort.
Ich gebe mich ihm lustvoll dran.
Ich ziehe mit ihm fort.

Er wirbelt mir durch Kopf und Haar
und springt mir ins Genick,
der Frühling bringt mich in Gefahr
und fühlt sich an wie Glück.

Ich fass ihn an der Hand und lauf,
Es ist mir gleich, wohin.
Ich blüh mit jeder Blüte auf,
ich hab nur ihn im Sinn.

Der Frühling hat mich aufgespürt.
Der Frühling setzt mir zu,
hat mich berührt, hat mich verführt.
Der Frühling. Das bist du.

Fühling

Wenn die Kuckucks erstmals riefen
und die Pollennasen triefen,
wenn die Wetter wendisch werden,
Ischias droht und Halsbeschwerden,

wenn die Tage sich verlängern,
wenn sich Paare schamlos schwängern,
wenn die Gänse nordwärts ziehen
und man läuft mit nackten Knien,

wenn Fassnacht ist und man wird jeck,
wenn einer sagt: Ich muss mal weg,
wenn alles treibt zu neuen Taten
und manche etwas stark geraten,

wenn auch in mir die Säfte steigen,
meine Pläne sich verzweigen,
wenn ich strotze voller Kraft,
wenn alles in mir schiebt und schafft,

kurz, wenn die Luft dicht wird und schwül
und in mir sprudelt nur Gefühl:
dann nennt man mich den wilden Fühling.
Dann ist es Frühling.

Des Körpers ewiges Getriebe

Da sitz ich in der ersten Sonne
und merke, wie es mich durchzieht
mit Schauern langvermisster Wonne,
wenn Kaltes aus den Ritzen flieht.

Das Sinnliche bricht in die Stadt
mit nackten Knien und bunten Blusen.
Mit blankem Bauch und hohem Busen
wird ausgepackt, was jeder hat.

Die endlich bloßgestellte Haut
bringt auch in mir den Puls zum Pochen,
und was verdrängt und angestaut,
steigt schamlos mir in meine Knochen.

Die Kreatur kommt neu in Schwung,
und schüttelt Staub aus dem Gefieder.
Sie macht das Fühlen wieder jung
und strafft die ausrangierten Glieder.

Wer jung ist, stürzt sich in die Liebe,
weil er nicht anders kann, betreibt
des Körpers ewiges Getriebe.
Wer alt ist, schaut und träumt und schreibt.

Frühling mit Roswitha
(Geburtstagslied, vorgetragen in masurischer Mundart)

(1)

Wenn das dunkle Jahr sich neigt,
wenn das neue näher schleicht
und noch klamm und nebelfeucht
zaghaft aus den Wiesen steicht,
wenn der letzte Frost erweicht,
und sich's Eis klabastrig neigt,
wenn Schnee nicht mehr die Wiesen bleicht
und die Kälte endlich weicht,
wenn dann das erste Grün sich zeigt,
wenn Blütenstaub durchs Nasloch streicht,
die Vogelwelt zum Zwitschern neicht,
wenn alles summt und kreucht und fleucht
und pfeift und singt und nichts mehr schweicht
und auch der Frosch im Teiche laicht,
wenn laue Luft durchs Häuschen streicht,
und Sonnenlicht die Haare bleicht,
wenn unsre Stimmung stetig steicht,
die Winterdepression verscheucht,
wenn's auch dem letzten Lorbass reicht,
wenn man das Kampfross neu besteicht,
vielleicht dreibastig Helden zeucht,
kurz, wenn im Leib der Saft aufsteicht,
und alles in uns kribbelt, keucht:

(2)

Dann – spüre ich es, und mich deucht,
jetzt ist es Zeit, dass *sie* sich zeicht,
dass sie den Auftritt nicht vergeicht
und stracks in ihre Puschen steicht,
weil man nun mal 'nen Startschuss bräucht,
damit man, von ihr aufgescheucht,
ins Rennen kommt, und dann vielleicht
die Gicht aus unseren Gliedern weicht,
wovon auch manches Fest schon zeucht;
wenn man das Tanzbein streckt und beucht,
Marjellchen seine Beine zeicht,
sodass in das, was ausgebleicht,
nun langsam wieder Farbe steicht.

Das alles, Freunde, wird ganz leicht,
weil, wenn der Mai ist fast erreicht,
uns *eine* unsern Weg aufzeicht,
vor deren Charme der Winter weicht:
Roswitha, die der Frühling zeucht.

(3)

Liebste Freundin, der nichts gleicht,
nur der Mai, das ist bezeucht:
du bist einfach unerreicht,
saftvoll, kraftvoll, sanft und leicht.
Bist im Dunkeln mein Geleucht,

und, wenn nun der Winter weicht,
Sonne, die mir neu aufsteicht,
meine Backen hitzt und bleicht.
Ach, mir wird die Wimper feucht,
und ich wünsch mir dann vielleicht,
dass sie mir die Lippe reicht.

Sommergedicht

Mein Gott der Wetter und der Winde,
das Frühjahr war sehr nass und trist,
es ist längst Zeit, dass du gelinde
mir zeigst, dass du was nütze bist.

Befiehl dem Regen einzuhalten,
es fault das Obst, der Weizen stockt,
dass endlich Sonne nach den kalten
mit südlicheren Tagen lockt.

Der Urlaub naht, wer jetzt noch nicht
gebucht hat, findet nur noch schwer
ein schönes Haus mit weiter Sicht
und kurzem Fahrradweg zum Meer.

Ich bin dein Jünger, bin ein frommer.
Dem stinkt das Wetter, er verdammt's.
Jetzt mach mir endlich einen Sommer!
Jetzt walte endlich deines Amts!

Sommertraum

Glasklar das Meer, die Ufer geklüftet,
    und endlos der Himmel,
steh ich an Griechenlands Küste,
    träume den ewigen Traum.
Sommer um Sommer lockt mich der Süden
    mit uraltem Wissen,
trägt meine Sehnsucht mich fort,
    geht mit Odysseus auf Fahrt.

Naturposse

Am Horizont
verglimmt der Tag.
Sacht wiegt mich
meine Hängematte
in die Nacht.
Erste Sterne sprenkeln
den wolkenlosen,
dalmatinischen Himmel.
Die Blätter der Steineichen
ruhen sich aus,
kein Rascheln regt das Laub,
und in den Pinien
verstummen die Zikaden.
Stille legt sich auf den Platz.

Geräuschlos liegt
das Wasser in der Bucht.
Alles schweigt.
Ich nicke ein
und überlasse mich der Zeit.

Ein grelles Licht
fährt über mein Gesicht,
und gleich darauf jagt mich
ein trockenharter Donnerschlag
aus meinem Traum,
als wäre nebenan
etwas geborsten.
Ein isolierter Schlag,
ein wüster Knall,
der in den Ohren brennt.
Und ohne Übergang
wie aus dem Nichts,
ein Sturm, der in die Planen jagt,
ein Guss, ein Schleusenbruch,
der den gesamten Platz
ins Wasser taucht,
als hätten alle Wolken
ihre Klappen aufgerissen.
In wilder Eile raffe ich zusammen,
was ins Trockne muss.

Und dann,
kaum drehe ich mich um,
eh ich verstanden habe,
was geschah,
ist es vorbei,
als hätte jemand,
mit einem Griff
den Hahn versperrt.
Der Boden dampft,
die Wasser laufen ab,
schon reißt der Himmel wieder auf,
lässt erste Sterne sehen.
Nur aus den Zweigen
tropft es nach,
beweist mir,
dass ich nicht mehr träume.

Was war jetzt das?
Ich bin verwirrt.
Ein Probelauf?
Ein nicht gelungener Versuch?
Will die Natur mich foppen?
Vielleicht nur eine
Sparvariante ausprobieren?
Nur eine Kurzausgabe
für Gehetzte?
Will sie mir nur
die Instrumente zeigen?

Ich fühle mich betrogen.
Ich bestehe
auf dem Gesamtpaket
mit allem Drum und Dran,
mit fernem Wetterleuchten,
mit einem Himmel, der sich schwärzt,
mit heranjagendem Sturm
und wilden Böen, die an den Planen reißen,
ich erwarte
bedrohlich näherrückendes Grollen,
erste dicke Tropfen,
die auf den Boden schlagen,
und unvermittelt prasselnden Schlagregen,
der alles um mich her in Wasser taucht
und mir die Sicht versperrt,
dazu grelle, angstmachende Blitze,
und wütende Einschläge,
die mich das mich das Gruseln lehren,
ich brauche Sturzbäche,
aufgespülte Wege,
mitgerissene Zapfen und Steine
und abgeschlagene Äste
und möglichst einen Stromausfall.
Ich verlange ein Unwetter,
vor dem man sich, dicht aneinandergedrückt,
hinter Scheiben versteckt
und unter Planen duckt –
so wie es sich gehört
für diese Breiten.

Ich protestiere!
Ich möchte, bitte schön,
wenn man mich schon
abrupt aus meinem Schlafe reißt,
die ungeschönte Vollversion,
von der ich später
was erzählen kann.

Früher Herbst

Ich hab den Sommer noch im Blut.
Ich bin mit ihm noch längst nicht fertig.
Der frühe Herbst stiehlt mir die letzte Wärme.
Schon sind die Blätter halb vom Baum geweht.

In dieser Nacht kam erster Frost und früher Schnee.
Die Kälte schleicht durchs Land und kriecht mich an
und macht mich steif und hart und schwer.
Ich fühl mich spröde und zerbrechlich.

Ein halbes Jahr muss ich nun überleben.
Ich sehne mich zurück nach Grünem, Weichem,
nach Sommer, Leichtigkeit, nach Licht.
Ich brauche laue Luft, die meine Augen streichelt.
Ich sag es wie es ist: Ich mag den Winter nicht.

Herbst

Nun geht das Jahr, nimmt der Natur die Kräfte,
im Nebeldunst versteckt sich Wald und Tal.
Das Land liegt lautlos, klamm und ohne Säfte,
und Regen schlägt die letzten Bäume kahl.

Das Leben steigt erschöpft in sich zurück.
Es gräbt sich ein und wartet reglos ab
und wirft wie ein verbrauchtes Kleidungsstück,
was eben glänzte, achtlos mit ins Grab.

In diesen Tagen will ich mich verkriechen,
vom Kämpfen angezählt und wund und alt.
Mir ist, als würde ich Verwesung riechen,
als drohte mir von überall Gewalt.

Wie welkes Laub nach unten hin verschwindet,
fällt auch mein Leben. Tod umschleicht das Haus.
Nichts bleibt, was mich an Sommertage bindet.
Ich weine mit dem alten Jahr mich aus.

Frischer Schnee

Wenn frischer Schnee
sich über alles legt,
verstummt das Laute.

Nur das Knirschen
meiner Schritte
geht mit mir.

Die Pflanzen
halten ein und warten ab.

Was läuft und fliegt,
verkriecht sich
oder zieht bizarre Spuren.

Aller Schall
rennt sich aus.

Auch in mir
tritt Stille ein.

Schnee

Der Schnee kam über Nacht
und nahm die Farben aus dem Bild,
zog Dunst und Staub vom Horizont,
bedeckte allen Lärm.

Welche Weite für die Seele!
Welche Wohltat meinen Augen!
Welcher Raum für meine Lungen!
Welcher Friede dem Gehör!

Invasion

Sie kamen unbemerkt,
wie feines Prickeln
auf der Haut,
nicht sichtbar,
nur ein Hauch.
Als Fusseln
schwebten sie vorbei
und suchten im Vergehn
für einen Schimmer lang
sich einen Platz.

Erst nur ein Spiel im Wind,
vorbeigeweht
im Auf und Ab des Luftzugs,
ein leichter Tanz,
noch immer
kaum merklich sich verstärkend,
gewinnen sie wie nebenbei an Fahrt
und fügen sich zusammen,
verbacken sich
vereinzelt schon zu Flocken,
Kundschafter erst,
noch auf der Suche.

Dann mischen sich
auch größere mit bei.
Erst segeln sie,
dann tanzen sie,
dann legen sie
den ersten Flaum aufs Dach
und auf die kalten Steine.
Und sich verdichtend
kommen immer mehr,
ergreifen erst Besitz
von Stein und Platz
und Haus und Dach,
und dann von jedem Strauch
und kleinsten Halm.
Unzählbar, unaufhaltsam
und ganz selbstverständlich

rücken sie heran
als stille Invasion.

Die Gärten, Wiesen, Häuser
leisten schwache Gegenwehr
behaupten sich
mit letzter Wärme
an geschützten Stellen.
Sie stehen gegen solche Übermacht
auf ganz verlornem Posten.
Von allen Seiten
wirbelt es heran,
und jede Lücke, jede Nische
füllt sich nach und nach.
Die letzten Widerstände
verstecken sich
im Untergrund.
Ein Wind rückt nach,
weht einen dichtgewebten
weißen Schweigeschleier
über die gleichgemachte Welt,
aus der es kein Entkommen gibt.
Wenn alles sich ergeben hat,
tritt Stille ein im Land,
und es wird dauern,
bis die Wärme wiederkehrt.

Buchengedichte

Buchengeschichten

Du stehst nun schon
ein halbes Dutzend
Menschenzeiten lang
tief angewurzelt vor dem Wald
und schaust dem Leben zu.
Du warst schon längst,
eh dieses Haus entstand.

So vieles hast du mir erzählt,
mir anvertraut,
bist ein Geschichtenbaum.
Ich habe es erlauscht
und nacherzählt,
und manchmal auch
ein wenig weiter ausgeschmückt.
Wie viele Male hab ich unsre Kinder
mit deinen Baumgeschichten
in ihre Träume losgeschickt!

Ich konnte mir sie selbst
nicht alle merken.
Doch eines weiß ich noch genau:
Sie haben nicht nur unsre Kinder,
sie haben auch mich selbst beglückt.

Unsere Buche

Sie blieb allein zurück,
als wir vor vielen Jahren,
dem Garten Licht verschaffend,
die angejahrte Birke,
den wilden Ahorn und,
nicht ohne Schmerzen,
auch die düstren Eichen kappten.
Zurück blieb nur die Buche.

Wir hatten Angst um sie,
vor Trockenheit und saurem Regen.
Doch wächst sie
Jahr um Jahr,
kragt mächtig aus,
nimmt sich den ganzen Raum.

Als Waldarbeiter
im vergangnen Herbst
am nahen Waldrand
ähnlich dicke Buchen fällten,
hab ich die Jahresringe
ausgezählt.

Mehr als zweihundert
wurden es.
In ihrer Jugend

herrschte Krieg,
und es marschierte
Napoleon
durch dieses Land.

Da steht sie stumm
und hat viel zu erzählen.
Mit ihrem Blattwerk
füllt sie unsern Himmel.
Wenn sie im Frühling
hunderttausend Blätter treibt,
legt sich ein Schatten
über alles Erdreich unter ihr.

Die frühen Blüher,
das gelbe Meer der Winterlinge,
die unergründlich blaue Cilla,
Schneeglöckchen, Märzenbecher,
der Lärchensporn, der Krokusteppich,
die Veilchen, Primeln, Hahnenklee:
sie müssen sich beeilen.

Für ein paar Wochen
färben sie den Garten bunt.
bis unsre Buche sie
in ihren Schatten stellt.
Und auch im Haus,
obgleich die Sonne steigt,
wird es ein wenig dunkler.

Die Buche hütet uns,
schützt uns vor Sommerhitze
und auch ein wenig vor der Kälte.
Sie sorgt für gute Luft.
Den Regen hält sie eine Weile auf,
gibt uns noch Zeit
ins Haus zu flüchten.

Mit weiten, starken Ästen steht sie
fest und sicher da.
Nur manchmal, wenn es stürmt,
bei langer Trockenheit,
beschwert vom Schnee,
stürzt auch ein toter Zweig herab;
doch meistens nur zur Nachtzeit,
als wollte unsre Buche uns behüten.

So viele Jahre
sind wir uns vertraut!
Wie oft lag ich schon unter
ihrem weiten Blätterdach
und schlief und träumte!
Wie oft hab ich sie angefasst, umarmt!
Wie oft mit ihr gesprochen!

Ich hab ihr manchmal wehgetan,
wie damals, als ich einen Haken
in sie bohrte für die Hängematte.

Als ich es später merkte und bereute,
war es bereits zu spät.
Er war nicht zu entfernen.
Sie hat ihn einfach überwachsen.

Noch schlimmer war's,
als wir bei Baumaßnahmen
ihr Wurzelwerk
beschneiden mussten.
Da hab ich oft mit ihr gesprochen,
und bat sie um Verzeihung.
Sie hat's auf sich beruhen lassen.

Aus meinem Fenster
unterm Dach
schau ich ihr gern
ins weitverzweigte Wirrwarr
ihrer Krone.
So geben wir uns gegenseitig Einblick
in unser Innenleben.

In ihrem reichen Blätterwerk
herrscht immerfort Betrieb.
Es ist ein Kommen, Halten, Gehen,
ein Zwischenstop und Aussichtpunkt
für Krähen und für Tauben,
auch ein Versammlungsort
für Spatzen und für Meisen.

Ein Dutzend Straßentauben
trifft sich gerne zum Konvent in ihr,
ein Häher wacht und schreit ganz oben,
und Amseln warnen mit Gekecker,
wenn eine Katze durch den Garten schleicht.
Und manchmal turnt mit weiten Sätzen
ein Eichhorn durchs Geäst.

Mehrmals im Jahr
wird unsre Buche uns beschwerlich.
Im Frühjahr überpudert sie
die Wege, Wiesen, Beete
mit Blüten und mit Knospenspelzen.
Im Sommer wirft sie ihre Eckern ab.
Im Herbst ertränkt sie uns im Laub.

Ach Buche,
wir haben dich von Anfang an geliebt
und nannten dich stets unsre Buche.
Dabei bist du es doch,
in deren Schatten wir uns ruhn.
Du warst vor uns und wirst noch sein,
wenn wir gegangen sind.

Ihre Majestät die Buche

Du siehst sie schon
von Weitem stehn
und sagst:
Was für ein Baum!

Allein steht sie,
stolz und in vollem Saft,
an erster Stelle
vor dem Wald,
wie eine Kämpferin,
wie jemand,
der vorangeht,
dem die andern folgen.

Gewaltig
kragen ihre Äste aus,
tiefwurzelnd
macht sie keinen Hehl
aus ihrer Kraft,
gesund bis in die Krone
trotzt sie
dem Winde und dem Wetter.

Vier Männerarme
braucht ihr Stamm
ihn zu umringen.

Und wenn
im Frühling
sich ihr Blattwerk öffnet,
füllt es den Himmel
weit über Haus und Garten.

Trittst du heran,
zieht sie den Blick hinauf
und du verlierst dich
im Gewirr der Äste.
Und du wirst klein,
als stündest du
in einem hohen Raum
der Andacht.

Hier steh ich gern,
ich schaue, halte inne,
und es ergreift mich
Schwindel
vor der Kraft
des Lebendigen,
und der Würde
ihrer Majestät.

unter unserer buche

wenn ich bisweilen
pause mache
nicht so oft
und nur
wenn mich die sonne lockt
und kein termin
und keine arbeit ruft

wenn ich
den kopf
im weichen kissen
leicht vom wind
geschaukelt
in der matte liege
unter unserm baum

wenn ich
nach oben
in das luftige getänzel
der blätter schaue
und blinzelnd fangen spiele
mit der sonne

wenn ich
dem feinen rauschen
der zweige zuhöre

und dem liebesgesang
der vögel

dann schwingt
meine seele
ins weite
und alles schwere
löst sich auf

Die alte Buche

Hochbetagt
und würdevoll,
unübersehbar
und in vollem Saft,
so steht sie da,
als wäre dieser Platz,
allein für sie bestimmt.

Baumdick gehn ihre Äste
in den Himmel,
mit einem Hang
nach Süden hin.
Blickst du hinauf,
bevor sie ausgetrieben ist,
gibt sie dir Einblick ins Geäst.

Als trätest du in einen Dom,
zieht sie den Blick empor.
Du schaust in das Gewirr
der Rippen des Gewölbes,
wie sie sich überschneiden,
und staunend nimmst du wahr,
dass sie die Decke tragen.

Wenn sie in Frühjahr
ausgetrieben hat,
wölbt sich ihr Blättermeer
weit über Haus und Garten,
und unter ihrem Schirm
weißt du dich
wohl behütet und bewacht.

Die Tauben in der dicken Buche

Ein Taubenpaar
betreibt im Kronendickicht unsrer Buche
sein Geschäft.
Sich plusternd flattern sie wie wild
und bau'n sich voreinander auf
und fuchteln mit den Flügeln.

Was ein Gekreisch!
Sie zanken sich vielleicht
und schrei'n sich lauthals an.
Sie stecken die Reviere ab.
Vielleicht ist was passiert.
Vielleicht gibt's auch nur
Neues mitzuteilen.
Wer weiß, womöglich
putzen sie nur ihre Stimmen.
Und möglich wär's doch auch,
auf ihre Art,
sie lockten sich.

Ich kann die Taubensprache nicht,
doch kann ich eins
sehr deutlich sehen:
Sie tun sich wichtig.
Sie reden miteinander.
Und deshalb bin ich überzeugt:
Sie mögen sich.

Buche, liebe Buche

Buche, liebe Buche,
der Tag wird schon blass.
Die Sonne geht schlafen,
erzähl uns noch was!

Buche, liebe Buche,
erzähl eine Geschicht,
du weißt doch so viele,
sonst schlafen wir nicht.

Buche, liebe Buche,
wie geht's dir denn so?
Bist du manchmal traurig,
bist du manchmal froh?

Buche, liebe Buche,
du warst doch mal klein
erzähl uns von früher,
warst du mal allein?

Buche, liebe Buche
Wie geht's dir zur Nacht?
Wie geht's dir am Tage?
Was hast du gemacht?
Buche, liebe Buche,
bei dir im Geäst,

da wohnen die Vögel
und bau'n sich ihr Nest.

Buche. liebe Buche,
was fliegt da heraus?
Das ist der Vater Sperling,
der kommt grad nach Haus.

Buche, liebe Buche,
was raschelt denn da?
Das sind ein paar Käfer,
die machen trara.

Buche, liebe Buche,
was fiept da im Baum?
Das sind die kleinen Meisen,
die hört man nur kaum.

Buche, liebe Buche,
was versteckst du im Laub?
Das ist der kleine Ausreißer,
der stellt sich nur taub.

Buche, liebe Buche,
was saust da zum Schluss?
Da springt ja ein Eichhorn,
das sucht seine Nuss.

Buche, liebe Buche,
nun gehn wir zur Ruh,
es fallen schon langsam
die Äuglein uns zu.

Buche, liebe Buche,
beschütz groß und klein,
beschütz unsre Träume,
wir schlafen jetzt ein.

Geliebte Buche

Geliebter Baum, du tust mir gut.
Uralt und sturmerprobt
trotzt du dem Winde und dem Wetter.
Gewichtig und verlässlich stehst du da
auf dick verknäultem Wurzelstock,
steigst machtvoll hoch hinauf
und spannst dein Blattwerk weithin aus.

Wie eine Mutter wachst du über uns
und nimmst uns unter deine Fittiche.
Mit deinem dichten Blätterschirm
behütest du den Garten und das Haus,
schützt uns vor Sonne und vor Regen
und lässt uns trocknen Fußes bis zur Tür gelangen.

Ich schaue gerne auf, verirre mich
in dem Gewirr baumdicker Äste
und staune, wie du sie mit Leichtigkeit
nach allen Seiten streckst und beieinander hältst.
Vom stärksten bis zum kleinsten werden alle gut versorgt.

In deinem Blätterwald und unter deinem Dach
hat Leben in der Fülle Platz.
Es singt und pfeift und gurrt und surrt,
und kriecht und flattert, räkelt sich und schaut herum
und springt von Ast zu Ast.

Auch ich
weiß mich in deinem Schatten gut geborgen.
Ich schmiege mich an deinen starken Stamm.
Wir sind uns wohlvertraut.
Bei dir bin ich am rechten Ort.

Nachtgesichter

Gesichter der Nacht

Nacht der Dunkelheiten,
die ich am Tag nicht erkennen kann
und mir nachts neues Leben einhauchen,

Nacht der Sterne,
die ich am Tage nicht sehen kann
und mir nachts den Himmel öffnen,

Nacht der leisen Stimmen,
die ich am Tage nicht hören kann
und mich nachts das Flüstern lehren,

Nacht der Kühle,
die ich am Tage nicht spüren kann
und mir nachts das Gesicht streichelt,

Nacht der Gedanken,
die ich am Tage nicht zulassen kann
und nur in nächtlicher Leere erblühen,

Nacht der Weite,
die ich am Tage nicht greifen kann
und mich nachts öffnet für das Ganze,

Gesichter der Nacht,
die mir am Tage verborgen bleiben
und mich nachts reich beschenken.

Ein ganzer Kosmos voll Gesang

Köstliche Nacht, wirst mir nicht lang,
füllst mich mit Stille und mit Klang.
Ich lausche reglos deinen leisen,
vertrauten, unerhörten Weisen.

Du raunst mir zu mit vielen Stimmen,
die flüstern. rascheln, hauchen, glimmen,
sie klingen, schwingen mir im Ohr
als sternenweiter zarter Chor.

Mit tausendfacher Melodie
fügst du dich selbst zur Symphonie,
zu einem großen Grundakkord,
und hüllst mich ein und trägst mich fort

in weiten Raum, ins Große Ganze,
wo Mensch und Tier und Stein und Pflanze
verbunden sind im gleichen Klang:
ein ganzer Kosmos voll Gesang!

Nacht

Nacht,
Land der verborgenen Wege,
Chor der leisen Gesänge,
Hüterin vieler Geheimnisse,
wissende Mutter aller Geschichten.
Bist mir vertraut.

Auf ein Glas Wein

Gott,
ein langer Tag liegt hinter mir.
Ich hab dich unterwegs,
ich merke es erst jetzt,
ganz nebenbei vergessen.

Lass uns,
eh diese Nacht uns überholt,
zusammensetzen
auf ein Glas Wein
und ein paar gute Worte.

Lass uns wie alte Freunde
miteinander sprechen,
mit Ernst und Liebe,
und uns versichern,
dass wir uns gewogen sind.

Gott, vor dir

Gott,
Vater, Mutter,
Namenloser,
Guter Geist und Höhere Macht,

vor dir,
in der und dem
sich alles eint
und alles seinen Anfang nahm,
die Mitte findet und sein Ende hat,
so auch ich,

vor dir
halte ich ein.
Ich stelle mich in deinen Raum.
Ich breite aus,
was dieser Tag mir gab
und aus mir machte.

Vor dir
decke ich auf,
was mir noch nachgeht,
und trau dir an, was mich bewegt.
Ich weiß, ich bin bei dir
in guten Händen.

einschlaflos

Mein Gott! Du schenktest mir den Tag.
Nun schenk mir auch die Nacht.

Ich bin erschöpft und finde nicht hinaus
und frage, was es ist, das mich nicht gehen lässt.

Als hättest du mit mir noch etwas auszutragen,
versagst du mir die Gnade des Vergessens.

Mein Kopf ist wirr von dem, was noch zu sagen ist,
und meine Glieder bleiben aufgeregt.

Es treiben Bilder mir wie Wellen durch den Schädel
und prallen aufgemischt in mir zurück.

Ich sehne mich nach Schlaf und kann nicht fallen.
Warum ist meine Seele so empfindlich?

Gott, bitte, lass mich ziehn,
was immer zwischen dir und mir noch offen ist.

Nächtliche Schrecken

Wie können wir schlafen in Zeiten des Krieges?
Hält nicht die blutige Welt uns dauernd in Atem?

Wohin verschwinden die nicht zu verstehenden Bilder
zerbombter Fassaden und ausgebrannter Räume

und mehr noch solche, die wir nicht sehen, nur ahnen,
schreiende Frauen, verletzte und sterbende Männer?

Tag um Tag fällt schwarzer Regen vom Himmel,
erschüttern uns ungefragt Angst und Entsetzen.

Täglich versorgt uns die Welt mit neuesten Krisen,
bepflastert die Hirne mit heillosen Bildern und Fragen.

Abends fluten uns Krimis auf allen Kanälen,
ziehn einen Strudel von Blut hinter sich her.

Verrückte Welt! Gierig nach dem, was uns graut!
Wie können wir schlafen inmitten des Schreckens?

Morpheus

Öffne mir, wertester Morpheus,
   endlich deine Gewänder,
lass mich, verliebt und erschöpft,
   an deinem Halse ruhn,

nimm mich und lass mich versinken
   in deinen weichen Falten,
decke mich in deinen Armen,
   bis dein Atem mich stillt.

Endlose Wege lässt du mich laufen
   in müdwachen Nächten,
Lieder, in ewigen Schlaufen gesungen,
   gehen mir nicht aus dem Hirn.

Mutlos, entkräftet und ohne Entwürfe
   bin ich das Kämpfen so leid,
sehne mich so nach dem Ende,
   finde noch immer nicht hin.

Muss ich mich Sisyphos gleich
   quälen bis zur Erschöpfung,
hören die Mühen nicht auf,
   bis du dich endlich erbarmst?

Gib endlich nach, mach dich weich,
   schenk mir ein Ja, schließ mit mir Frieden,
bei allen Göttern, Apoll und beim Zeus,
   Morpheus, du grantiger Typ!

Nächtliche Reisen

Wer bin ich, wer soll ich sein,
wenn die Nacht kommt,
wenn sich die Stunden quälen
in endlosen Verhören,
wie viele, warum und wohin?

Lautlos lärmen
die Sinne mir unter dem Scheitel,
beanspruchen Platz
für unbekannten Aufruhr,
für Knäuel nicht widerlegter Anfragen.

Unscharfe Bilder flimmern
als ferne Lichter und an mir vorbei
wie hinter Scheiben im eilenden Zug,
wechseln mit grellen Momenten
an Haltestationen.

Unsichere Welten durchstreifend
suche ich Antwort,
schwimme ich einsam im Meer,
steige in weglose Berge,
erforsche Wüsten mit unklaren Karten.

Nacht für Nacht verfolge ich Spuren,
bin auf der Suche
nach gangbaren Wegen,
nach einem Ziel, das ich nur ahne.
Irgendwann holt die Erschöpfung mich ein.

Nächtliche Ruhestörer

Es sind leider –
muss ich mich dessen nicht schämen
in Zeiten von Krieg und Gewalt,
von täglichen Bildern, die uns erschüttern,
von Krisen und Katastrophen –
es sind leider allermeist nicht
die Schrecken der Welt,
die mir die Nachtruhe rauben.

Wie könnte ich sonst überhaupt
jemals schlafen! Versiegt doch nie
der Strom schrecklicher Neuigkeiten.
Doch bleibt das Elend der Welt,

– es sei denn, es träfe mich selbst –
zum Glück in erträglicher Ferne.

Was meinen Schlaf untergräbt,
was die Kraft hat, mich zu beengen,
was mir die Nächte zerhackt
und mich bisweilen unerbittlich verfolgt,
ist sehr viel schlichter
und sitzt mir bei Weitem dichter
auf meiner Brust.

Es ist bloß der Streit
mit dem, den ich liebe.
Es ist bloß die Angst vor dem,
was morgen geschieht.
Es sind bloß
die nicht erledigten Geschichten
von gestern.

nächtliche Revue

Am Ende jeden Tages
geh ich kostenfrei
nach nebenan in mein Theater,
in meine sehr private
Nachrevue.
Ich führe die Regie.
Ich spiele mit,
bin das Ensemble
und bin zugleich
das Publikum.

Bisweilen geben sie
ermüdend Altbekanntes.
Ein andermal schickt man mich
auf Erkundung
in rätselhafte Welten.
Dann wieder jagen sie
mich hart durch einen Krimi,
und gerne inszenieren sie
absurdes Kunst-Theater;
nur manchmal
eine einfache Schmonzette.

Nur äußerst selten
bleibe ich
ganz ungeschoren.

Der Schlaf der Ungerechten

So geht es den Braven.
Sie legen sich schlafen,
versinken im Nu,
kaum geht's Auge zu.
Ich finde das echt
ungerecht.

Nein, auf die Dauer
werde ich sauer
auf all diese Poofer,
nichts finde ich doofer
als Schnarcher und Penner,
ob Frauen, ob Männer.

Sie legen sich nieder,
entspannen die Glieder,
sie schließen die Tür,
nichts tun sie dafür,
schon sind sie versackt,
verdammt und verkackt!

Nur ich armes Schwein,
ich plag mich allein,
ich mache und tu
und find keine Ruh,
ich finde den Dreh nicht,

versuch's, es klappt eh nicht.

Nichts, was ich im Bett
nicht ausprobiert hätt',
ich zähl, dass ich schlafe,
schwarzweiße Schafe,
ich sage mir Sätze,
ich wechsle die Plätze,

ich kipp mir zwei drei,
kein Trick ist mir neu,
ich wälz mich und ächze,
ich warte und lechze
nach jenem Moment,
wo was in mir pennt.

Kein Mensch kriegt es mit,
was nächtens mich ritt,
wie ich mich verbeiße.
Der nächste Tag: Scheiße.
Das innere Glotzen
ist einfach zum Kotzen.

Und doch, unter uns,
es schläft Hinz und Kunz.
Ganz anders die Wachen,
die immer was machen!
Was wisst ihr Gerechten
denn schon von den Nächten,

vom Guten im Schlechten,
von nächtlichen Mächten,
von Himmeln und Höllen,
und heimlichen Quellen,
vom Pakt mit dem Bösen
statt schlafend verdösen.

Vom Abend zum Morgen
bleibt manches verborgen.
Ein Hoch auf die Nacht,
wenn Mensch einsam wacht,
gewiss ohne Schlaf,
doch keinesfalls brav.

Gebet zur Nacht

Der Tag geht aus. Ich halte ein.
Ich hatte keinen Halteort.
Die Stunden eilten wortlos fort.
Am Ende hab ich mich allein.

Dir geb ich meinen Tag zurück,
den ich umsonst geschenkt bekam.
Was alles mich gefangen nahm,
ich lege es in deinen Blick.

Was dieser Tag aus mir gemacht,
und unerledigt in mir treibt,
was wehtut und was offen bleibt,
das überlasse ich der Nacht.

Nun schenke du mir gnädig Ruh.
Ich lege mich in deine Hand.
Ich weiß, du bist mir zugewandt.
Ich weiß, du winkst mir zu.

Nachtasyl

Gott,
fassbar und verborgen,
vertraut und fremd,
Duzfreund und Mysterium,
Sehnsucht und Rettungsanker,

zu dir komme ich
am Ende dieses Tages,
auf der Suche
nach dem, was mir verloren ging,
was mich und alle Welt
zusammenhält.

Gib mir für diese Nacht Asyl.
Gib mir ein Bett
in deinen Räumen,
wo ich, wie ich nun bin,
erwünscht und sicher liege,

damit die Nacht
mir gnädig ist
und mich umarmt,
dass ich am Morgen
gestärkt erwache.

coram deo

Dir,
von dem ich komme,
die in mir ist,
auf das ich zugehe,
bringe ich diesen Tag zurück.

Vor dir,
dem Größeren,
dem Nahen-Fernen,
dem Selbst und dem ganz Anderen,
stehe ich mit müden Füßen,
gebrauchten Händen,
überschwemmtem Hirn,
und breite aus,
was in mir nachhallt
an Bildern, Wörtern und Gedanken.

Vor dir
halte ich ein nach diesem Tag,
der meinem Leben
24 Stunden, 1440 Minuten
und unzählige Sekunden hinzufügte,
so viel Zeit.

Zu dir,
von der und dem ich kam,
will ich zurück.
Zu dir bring ich, was mir gelang
und was mir nicht gelang,
und lege es ins Helle.

Bei dir
suche ich Halt und Orientierung,
gute Worte und freundliche Zurechtweisung,
klaren Blick und neue Ideen.
Damit ich unterscheiden kann:
das Missglückte vom Gelungenen,
das Offene vom Versteckten,
das Äußere vom Inneren.

In dir
weiß ich mich angekommen,
wie einer, der auf Reisen ging
und sich verlor,
und dann nach Hause findet
und erwartet wird.

Die Gnade des Himmels

Es schenkt uns gnädig jeder Tag die Nacht
und jede Nacht auch einen neuen Morgen.
So deckt der Himmel zweifach unsre Sorgen,
und fragt nicht weiter, was uns traurig macht.

Morgendliche Selbstversicherung

Das Dunkle geht.
Das Leben tritt zurück ins Licht.
Ich nehme es als neues Auferstehn.
Was noch an Nachtgedanken
an mir hängt,
lass ich nun ziehn.

Ich halte ein
und sammle meine Sinne
für das, was größer ist als ich,
für Gott, das Große Ganze,
das mir das Leben gab
und in mir pulst.

Ich öffne meine Augen,
wärme mir die Hände
und atme meine Lungen frei.
Ich steige auf die Füße
und stelle mich
dem, was nun kommt.

Ich nehme diesen Tag,
als wäre er ganz neu,
wie einen blankgeputzten Tisch,
als mir geschenkte Zeit,
als Leben, das gelingen darf.

Ich bin gewiss und weiß,
was nun auch folgt,
was mich bewegt und fordert,
was ich gewinne und verliere:
dass ich verbunden
und getragen bin.

Achtersinniges

Geschichten vom Kater Iwan

(1)
Der Kater Iwan,
wenn er kann,
springt ohne Anlauf
jeden an
und beißt mit seinem
scharfen Zahn
besonders gern
das Weiche an.

(2)
Der Iwan lauert auf dem Ast.
Ein Pudel schnuppert ohne Hast
am Baum, das hätt er lassen sollen.
Er kannte nicht den liebestollen
sprunghaften Iwan, wenn er rast.

(3)
Kränkst du den Kater Iwan,
schaut er dich weißt schon wie an.

(4)
Ein Meisenpärchen baut sein Nest.
Der Iwan lauert im Geäst
und denkt, das macht den Tag zum Fest.
Allein besagtes Grüngeäst
erweist sich als zu wenig fest,
was nun die Meisen feiern lässt.

(5)
Streicht dir Iwan um die Beine,
ist er meist nicht gern alleine.
Tags gehört er zu den Faulen,
nachts hört man ihn weithin jaulen,
schreit sich die Katerlunge leer.
Ach käme doch Ivanka her!

(6)
Hörst du nachts
die Katzen schrein,
will sie raus
und er will rein.

Das Wollschwein

Ich fand zuerst das Wollschwein ziemlich niedlich,
doch andrerseits in seinem Schlamm nicht appetitlich.
Und weiter dachte ich, was brauchen Schweine Haare?
Im Winter sind sie längst schon ausgelegte Ware.

Der Wassermann

Der Wassermann
muss irgendwann
zum Ort an Land.
Und was ist dann?
Mir nicht bekannt.

Der Wiedehopf

Der Wiedehopf, der Wiedehopf
hat einen hübschen Federschopf.
Doch was ihm dabei Abbruch tut:
er riecht nicht gut.

Im Kohl

Es war einmal im Kohl,
da stieß ein alter Hase
trotz Kohl mit seiner Nase,
das tat den beiden wohl,

auf eine junge Häsin
die, glaubt es oder nicht,
der Herkunft nach Chinesin,
mit einem Kussgesicht.
Doch mehr verrat ich nicht.

Neue Zeiten

Jahrzehnte hieß es knapp und zack:
Hey Kumpel, hasse ma ne Mack?
Jetzt schulst du mühsam um auf neu, oh:
Komm Alter, jib mich ma nen Euo.

Variationen über das Ja

(1)
ja
ja?
ja!
jaja
jajaja
jaaohh
jau!
ja genau
jawohl!
jawoll!
ja doch!
aber ja
nun ja
naja
jein
ah ja
ach ja
ach ja?
oh ja!
mit Ja stimmen
bejahen
jasagen
Jasager

(2)
Spielarten des Ja:
Dein Ja ist mein Kompass.
Du, ja du liegst mir am Herzen
Ja, so war's.
Das stimmt doch, ja?
Man kennt dich ja.
Das kann ja heiter werden!
Ich kenne, ja durchschaue dich!
Tu das ja nicht!
Ja, was kann man da noch sagen?!

(3)
Jaworte:
ja, von ganzem Herzen
ja, mit Haut und Haar
ja sicher
ja gern
ja klar
ich denke schon, ja
soweit es an mir liegt ja
im Moment ja
Ja, solange es gut geht
Ja, wenn's denn sein muss
ja, wenn's denn der Wahrheit dient
in Gottes Namen ja
ja mit Gottes Hilfe
Ja und Amen

(4)

Ja-Erlebnisse:

Auf mein Ja kannst du zählen.

Ich gebe dir mein Jawort.

Nur wenn ich ja sage, meine ich auch ja.

Die Angst vor dem Ja ist die Pforte zum Hinterausgang.

Ja sagen und Nein denken.

Der Jasager vertuscht sein Nein.

Lieber ja als ganz allein.

Wer ja sagt, muss auch B sagen.

Wer nicht ja sagt zu sich selbst,

wie kann er ja sagen zu anderen?

Sagst du ja zu dir selbst,

nimmst du nicht nur das Angenehme in Blick.

Variationen über das Nein

(1)
Nein.
nein!
neinneinnein!
nein, auf keinen Fall!
nein, niemals
nein und aus
nein und nochmals nein!
nein, lieber nicht
nein danke
aber nein
ach nein?!
nee
nö
naja
nnnein?
nein sowas!
nein, nur das nicht!
Nein aber sowas!
Nein, das ist ja nicht zu glauben!
verneinen
neinsagen
Neinstimme
Neinsager
hunderte, nein tausende Menschen
nein, was für ein Glück!

(2)
Spielarten des Nein:
ein klares Nein
ein striktes Nein
ein endgültiges Nein
ein wütendes Nein,
ein mutiges Nein
ein vorsorgliches Nein
ein unsicheres Nein
ein verstecktes Nein
ein geflüstertes Nein
ein fragendes Nein
ein halbes Nein

(3)
Nein-Erfahrungen:
Sag niemals nie.
Wenn ich Nein sage, meine ich Nein.
Jasagen ist leichter als nein sagen.
Wenn einer nicht ja sagt, nimm es als nein.
Wer nicht nein sagen kann,
dessen Ja gilt nichts.
Neinsagen ist schwerer als dazuzugehören.
Das Nein ist der Schutzschild gegen den Übergriff.
Der Neinsager bleibt oft allein.
Wer zu oft nein sagt, verliert auch sich selbst.

Variationen über nichts

(1)
Nichts.
Nichts da!
Nicht mit mir!
So nicht!
Es ist nichts.
Hab dich nicht!
Macht nichts!
Um nichts und wieder nichts.
Viel Lärm um nichts.
Von nichts kommt nichts.
Alles oder nichts.
Nichtsdestotrotz.
Nichtsnutz!
Habenichts!
Taugenichts!
Nichtstuer.
Nichtskönner.
Nichtwisser.
Nichtraucher.
Nichtschwimmer.
Nichtarier.

(2)
Du bist für mich ein Nichts!
Ich kenne dich nicht.
Ich werde dich vernichten!

Ich sage gar nichts!
Ich verstehe gar nichts!
Ich weiß von nichts.
Nichtsahnend.
Ich weiß, dass ich nichts weiß.
Es geht um Sein oder Nichtsein.
Nichts geht mehr.
Nichts bleibt.
Alles ist nichtig.
In nichts aufgelöst.

(3)
Nichts.
Wortgetüm und Rätselwort
in aller Munde,
Hilfswort für was?
Was nicht ist?
Was nicht da ist?
Was nichts gilt?
Was nicht fassbar ist?
Was nicht aussprechbar ist?
Was ich nicht sehe?
Was ich nicht fühle?
Was ich nicht weiß?
Was ich nicht will?
Was das, was ist, verneint?
Verleugnet?
Vernichtet?

(4)
Nichts,
du leichtfertig beliebtes
Großwort,
machst mich schaudern!
Nichts,
du Schwergewicht
unter den Wörtern,
bist mitnichten
nichts oder belanglos,
bist voller Fallstricke,
stürzt mich
in Abgründe.

(5)
War nicht am Anfang nichts?
Sprang das Seiende nicht
aus Nichts ins Sein,
im Urknall,
als creatio ex nihilo,
als Schöpfung aus dem Nichts?
Hat sich das Nichtseiende
nicht selbst entnichtet
ins Seiende,
verbarg sich
als Seiendes vorher im Nichts?
Das Nichts ist undenkbar.
Nichts gibt es nicht,
sagt die Physik,

weder vor
noch während
noch nach dem Sein.
Das Nichts ist nie nicht,
es trägt die Signatur des Seins.
Trägt auch das Sein
die Signatur des Nichts?
Stürzt am Ende
alles Seiende
wieder ins schwarze Loch des Nichts?
Kann sich das Seiende
in nichts auflösen?
Ist nichts vielleicht nur
fast nichts,
der kleinste Teil des Seienden?

(6)
Nichts.
Fluchtwort und Fluchwort.
Im Großen wie im Kleinen.
Wer nichts sagt,
meint nicht nichts.
Wer nichts sagt,
verweigert dem Seienden
sein Sein.
Nichts sagend meint er das,
was er nicht sagt.
Wer nichts sagt,
hat nichts zu sagen,

will nichts sagen,
kann nichts sagen,
darf nichts sagen.
Nichtung des Seins –
deines meines allen Seins,
sei nicht!
Gradmesser der Angst.

(7)
Der Nichtende wählt seine Spielart.
ich sehe nichts,
ich fühle nichts,
ich verstehe nichts,
ich weiß nichts,
ich glaube nichts,
ich kann nichts,
ich tue nichts,
ich will nichts,
ich bin nichts.

Vom Sprechen

Die menschlichste Errungenschaft
ist zweifellos das Sprechen.
Sie gab ihm Macht und Geisteskraft
und ließ die Menschenzeit anbrechen.

Kontakte pflegen hieß berühren.
Mit Sprache lernt Mensch differenzieren.
Sein Mundwerk formt sich filigran
und wird zum wichtigsten Organ.

Und im Entstehn von vielen Worten
öffnen sich immer neue Pforten,
ein Füllhorn voll mit Schaffenskraft,
mit Wissen, Witz und Leidenschaft.

Des Wörtermachens ist kein Ende.
Es geht stets weiter und füllt Bände.
Nimm nur allein das Wörtchen „sprechen",
du kannst damit Rekorde brechen.

Was möchten wir uns alles sagen!
Was haben wir für viele Fragen!
Wir möchten reden und parlieren,
zur Rede stellen, diskutieren,

zugleich erklären und verklickern,
auch losposaunen oder gickern
wir möchten gern kommunizieren
und schwatzen, faseln, rezitieren.

Wir rufen, schreien, brüllen, grölen,
wir maunzen, mosern, nörgeln, nölen,
wir wiehern, röhren, blöken, blähen,
trompeten, schmettern, krächzen, krähen,

röhren, meckern, bellen, jaulen,
tönen, stöhnen, grunzen, maulen,
qietschen, quieken, quaken, schnackern,
kichern, glucksen, feixen, gackern,

flüstern, wispern, zischeln, nuscheln,
raunen, munkeln, murmeln, tuscheln,
lallen, knurren, murren, brummen,
zwitschern, piepsen, säuseln, summen,

schnattern, plappern, labern, tratschen,
plaudern, schwafeln, quasseln, ratschen,
kreischen, johlen und krakeelen,
trällern aus lautstarken Kehlen,

jauchzen, jodeln, jubeln, singen,
und schier endlos Reden schwingen.
Auf beinah ungezählte Weisen
kann man mit Sprache sich umkreisen.

Kurz: Unser Mund ist ein Artist,
was unikal im Tierreich ist,
ein menschliches Spezifikum.
Jetzt stell dir vor, du wärest stumm.

Fragen beim Lesen neuer Gedichte

nicht angelockt
angerülpst
fühle ich mich
von euren
grobgekauten
wortbrocken
satzfetzen
aufgeladen mit
verrätselter
bedeutsamkeit
mit hergesuchten
wortgebilden
aus denen sinn zu lesen
ihr dem leser
in die schuhe schiebt

mit wem
frag ich
seid ihr noch im gespräch
wem bleibt ihr im gedächtnis
was bleibt
von euren worten nachsprechbar
und aufsagbar
in raren zeiten

Generation Pidgin

Und eines Tages stehst auch du vor deinem Dichter.
Der fragt dich streng: Was hast dir dabei gedacht?
Gehörst du auch zu jenem unerträglichen Gelichter,
das nie ein Buch las? Hast, je hipper desto schlichter,
die Zeit mit Handy und im Internet verbracht?

Wahrscheinlich bist du einer von den Dauerglotzern,
Generation Pidgin, über ihr Gerät gebeugt,
bist einer von den legasthenischen Sprach-Rotzern,
den Nichts-Verstehern, aber Über-alles-Motzern,
mit Netflix statt mit Muttermilch gesäugt.

Da herrschen Zähneklappern, Heulen, Heidenbammel,
wenn es dann heißt: Jetzt sprich mal ein Gedicht!
Und du musst sagen: „Kenne keins" mit Rumgestammel
und stehst vorm Tor wie'n ausgestopfter Hammel
und hörst den Spruch: So einen nehmen wir hier nicht!

Der Dichter

Der Dichter taucht ins Meer der Worte,
dass er sich bleibend dort verorte.
Er greift und angelt, fischt im Trüben,
bis endlich was im Netz geblieben.

Dann schnappt er zu und bringt zusammen
die Dinge, die ihm näher schwammen,
und gibt dem Fischzug nach der Häutung
erhabnen Sinn und Weltbedeutung.

Huckepack

Ich alter Esel
lauf hin und her,
ich beuge den Rücken
und trage so schwer,

ich schlepp auf dem Puckel
ganz kostbare Last,
die du oder du
mir aufgepackt hast.

Der Weg wird mir lang,
ich kann bald nicht mehr,
ich weiß nicht, da ist was,
das drückt mich so schwer.

Was trag ich da bloß,
das kichert und lacht?
Was hab ich da bloß
wieder mitgebracht?

Was habe ich diesmal
im Rucksack drin?
Ich glaube, ich schaue
doch endlich mal hin.

Was hockt denn da auf mir
wie eine Klett?
Ich trag ja mein liebes
Kind in sein Bett.

Mensch und Hund

Da saß ich neulich in der ersten Frühjahrssonne
auf einer Bank im Park in einer Stadt am Rheine,
Leicht grüßend zogen vor mir stolz und an der Leine
die Hunde und die Städter mählich in Kolonne.

Ein Sonntag war's, nach Frost und kühlem Regen.
Zum ersten Ausgang und sich gegenseitig führend,
so schritten Mensch und Tier zusammen und gebührend
herausgeputzt durch ihren Park, der Frischluft wegen.

Wie sie vorübergehen, kommen sie mir dichter,
ich schau die Tiere an und schaue dann nach oben:
Das gleiche Lockenhaar, die hängenden Gesichter,

derselbe Triefblick und der Gang ein Stück verschoben.
So hat, ich weiß nicht welcher Gleichausrichter,
zum Vor- und Nachteil Mensch und Tier verwoben.

Angleichung

Wir gleichen uns an:
den Eltern die Kinder,
den Sündern die Sünder,
den Großen die Kleinen,
dem Herrscher die Seinen,
die Frau ihrem Mann,
auch dann und wann
der Mann seiner Frau,
und halbwegs genau
der Freund seiner Freundin,
der Feind seiner Feindin,
der Untergebne dem Chef
und, mitsamt Gekläff,
das Herrchen dem Hund.
So schleift sich das Leben rund.

Warum, wieso, weshalb

Mal schreit sie laut.
Mal bleibt sie stumm.
Weißt du, warum?

Mal ist sie grausam
dann macht sie froh.
Weißt du, wieso?

Das meiste erschließt
sich uns nur halb.
Ganz gleich, weshalb.

zu kurz gefurzt

Der Furz weiß hinterher erst mehr

Der Furz im Haus ersetzt die Axt

Der Furz hält länger desto enger

Ein Fürzelein trennt mein und dein

Merksprüche

Der Mond scheint heller als im Keller

Ein Bein kommt selten allein

Es steht, wenn nichts geht

Hast du genug, spring hintern Zug

Was aus dir rauskommt und dich juckt ist dein Produkt

Der Mist schreit lauter als der Hahn

In Pferdeäpfeln verduften Pferdeblumen

Trittst du in Fladen, triffst du auf Maden

Die Welt

Die Welt ist falsch.
Und bös. Und dumm.
Wer weiß, warum.

Die Welt ist bunt.
Und reich. Und schön.
So kann es gehn.

4. Buch

Wenn ich auf das Ende sehe

der fluss

unaufhörlich unaufhaltsam
gehn die wasser treibt der fluss
mal gemächlich mal gewaltsam
was zu tale kommen muss

wollten wir aus unsern kähnen
an die bunten ufer eilen
ankern landen sicher wähnen
wohnen bleiben und verweilen

ziehn uns fluten und gewalten
unaufhörlich in ihr grab
tragen uns nach kurzen halten
ohne unterschied hinab

Alter und Jugend

Es stürzt mit Ungestüm sich in das Leben
die Jugend und will endlich aus dem Nest.
Das Alter schaut mit Wehmut, fühlt das Beben
des Endes und lebt langsam und hält fest.

Ach könnte doch die Jugend innehalten
und das genießen, was sie eben freut,
und könnten wissbegierig doch die Alten
die Welt begehn, als wäre noch viel Zeit.

Vom Altwerden

Ein Mensch,
es trifft Frau oder Mann,
schaut, wird er alt, sein Leben an
und so von hinten deucht es ihn:
Die Jahre gingen zu schnell hin,
als wär er durch die Zeit getrieben.
Wo ist das Leben bloß geblieben?
Sein Ego muss es hart verkraften:
Nur weniges davon blieb haften.

Kommst du ins Alter, schrumpft die Welt.
Kaum etwas überdauert, hält.
Das Leben presst die Jahre dicht,
das meiste wird vergessen schlicht.
Es bleibt im langen Rückwärtsblick
am Ende nur der Sud zurück.
Vieltausend Tage schrumpeln ein.
Schon bist du groß, noch eben klein.
Nichts kannst du stoppen, gar nichts halten,
zählst allzu schnell schon zu den Alten.
Das wilde Leben wie das triste:
es passt zum Schluss in eine Kiste.

Manch einer träumt und hängt daran,
was er inzwischen nicht mehr kann,
an Szenen aus vergangnen Tagen,
die leuchtend aus dem Nebel ragen.

Ein andrer sucht in alten Bildern,
was die Gesichter ihm noch schildern
und liest noch einmal mit Geschniefe
die wohlverpackten Liebesbriefe.
Mancher einer schreibt auch ganz versessen
als Bollwerk gegen sein Vergessen
die Dinge, die ihm wichtig waren,
sich auf in seinen Memoiren.

Im Alter muss es jeder lernen:
Altwerden ist ein Sichentfernen,
ein unvermeidliches Beschränken,
ein Kleinerwerden, Überdenken,
ein schließlich In-die-Mitte-Stricken
und nach dem Großen Ganzen Blicken.

Sechzig

Ein Mensch,
gesetzt, er würde sechzig,
der, ist doch möglich, und er dächt' sich,
zwar bin ich fit und obenauf,
bin kerngesund und bestens drauf,
und dennoch, schleichend, im Geheimen
beginnen Fragen aufzukeimen.
Wann packt das Alter mich am Kragen
und schickt mir seine Alters-Plagen?

Ich frage mich, was ist noch drin,
zu was ich denn noch fähig bin.
Kommt jetzt die Zeit, da schau ich mehr
nach hinten als nach vorn? - Und er,
im Blick die eigne Lebens-Uhr,
macht gründlich bei sich Inventur:
Was ist gewesen, liegt zurück,
was war mein Schaden, was mein Glück?
Wo steh ich jetzt, wer bin ich nun,
was kann ich und was will ich tun?
Und was erwartet mich noch weiter,
gibt's noch ein Steigen auf der Leiter?
Der Mensch, er bleibt so gerne jung,
er ist vernarrt in seinen Schwung,
er möchte gerne sich beweisen:
Mich wirft man nicht zum alten Eisen!
Er fordert sich, dass er sich fühle,
noch manches ab und steckt sich Ziele
und fühlt so auf versteckte Weise
sich seinen Puls, wenn auch ganz leise.
Die Frage macht vor ihm nicht halt:
Wie werd ich älter und nicht alt?

Wunder und Zeichen

Bist du jung, bist du wie Zunder,
brennst und loderst, hoffst auf Wunder.

Doch geschehen, eh wir weichen,
keine Wunder. Aber Zeichen.

Zeichen allerdings sind Plunder,
nehmen wir sie nicht wie Wunder.

Nur die wunderbaren Zeichen
werden unser Herz erreichen.

Über das Altern

Meist wird der Mensch nicht gerne alt.
Es trifft ihn als Naturgewalt.
Er merkt, dass vieles nicht mehr geht,
was keiner sich gern eingesteht.

Die beste Zeit im Leben ist,
denkt er, wenn du bei Kräften bist,
und, was du plantest und begannst,
anschließend auch erfüllen kannst.

Es bleibt ihm das gefüllte Glas
auch weiterhin sein Lebensmaß.
Mit diesem Maße kämpft er stets,
fragt ihn ein andrer „Na, wie geht's?"

Im Stillen steht gebannt er weiter
auf jenem Spross der Lebensleiter,
als alle Dinge möglich waren,
als wäre er noch jung an Jahren.
Schaut er im Alter dann zurück,
ist er enttäuscht und trüb im Blick.
Er sieht nur das, was er verlor,
und trägt im Innern Trauerflor.

Doch bleibt, wie alt auch Menschen werden,
die große Hauptlektion auf Erden,
mit dem, was geht, das Spiel zu spielen,
Gewesenem nicht nachzuschielen.

Und umgekehrt hat jede Zeit
auch einen Zauber, Möglichkeit
und Zugang zu all jenen Dingen,
die nur zu ihrer Zeit gelingen.

Auf jeder Stufe unsres Lebens
gibt's Wünsche, die trotz allen Strebens
für uns ganz unerreichbar sind.
So lernt es schmerzhaft jedes Kind.

Die Kunst des Lebens war und ist
das greifen, was du hast und bist.
Was jetzt geht, nicht was besser wär,
holt dir die ganze Fülle her.

So auch im Alter, wenn du's glaubtest
und dir nicht selbst die Chancen raubtest.
Es gilt und ließe dich neu lachen,
aus dem, was da ist, was zu machen.

Im Füllhorn unsrer Altersjahre
steckt Zeit zu haben, unteilbare,
und weitergeben, was man hat,
sich freuen, werden andre satt.

Im Alter muss man nichts mehr sammeln,
muss die Schatullen nicht verrammeln,
du schenkst, hörst zu, bist einfach da
und gibst den anderen dein Ja.

Mitnichten bloß Konkursverwalter
ermöglicht vieles uns das Alter,
was früher niemals denkbar war:
Sag selbst, ist das nicht wunderbar?

Spiegelblick

Ein Mensch,
gleich ob als Mann, als Frau,
schaut in den Spiegel mal genau,
zieht aufmerksam die Falten mit,
die ihm die Zeit ins Leder schnitt.
Jetzt kommt er also in die Jahre,
das Leben graute ihm die Haare,
hat manchmal hier und da was drücken,
mal klemmt ein Nerv, mal schmerzt der Rücken,
mal sind's die Zähne, mal die Augen,
die wollen nicht mehr richtig taugen,
das Herz, die Luftorgane schwächeln
und zwingen auch schon mal zum Hecheln.
Klammheimlich muss er sich bekennen,
er kann nicht mehr wie früher rennen,
und dass der ganze Apparat
die beste Zeit gesehen hat.
Und gleichfalls muss er sich gestehen,
dass auch im Denken was geschehen,
auch sein Gehirn hat leicht gelitten,
und Namen, Worte sind entglitten,
die Lust zu lernen wurde kleiner,
der Hang zum Schmusen allgemeiner,
er wird besorgter, will's bequemer,
ist leider Medizineinnehmer.
Er richtet sich im Hause ein,
vertraut, behaglich soll es sein,

*er gießt den Garten, mäht den Rasen
füllt gern mit Blumen seine Vasen,
baut sich sein Reich, da ist er König,
verändert, sag ich mal, nur wenig.
Und doch, fragt er, wär jetzt nicht Zeit
die Träume der Vergangenheit
mir zu erfüllen, mich zu trauen
noch einmal in die Welt zu schauen,
vielleicht noch paar verrückte Sachen,
paar nie gewagte Dinge machen,
Klavier zu lernen, spanisch verstehn
und dann auf weite Reisen gehn,
für mich allein oder mit andern
den ganzen Jakobsweg zu wandern,
mich bei der Tafel engagieren
und Fremde durch die Stadt zu führen?
Ach Spieglein, Spieglein, sag mir an:
Was will ich noch, das ich noch kann?
Und kann ich das, was ich noch will?
Der Spiegel schaut mich an, bleibt still
und wirft, wie lange auch mein Blick,
mir meine Frage frech zurück.*

Altersfragen

Wie lange ist mir noch gegeben?
Wofür verlohnt es sich zu leben?
Was hält mich wach und ist mir wichtig?
Was soll ich lassen, was ist nichtig?
Was bringt mich Müden noch in Schwung?
Was macht mich alt, was hält mich jung?
Was will ich noch, was mach ich mit?
Wie halte ich mich weiter fit?
Wie ordne ich mir meinen Tag?
Wer fragt noch nach mir, was ich mag?
Was treibt mich morgens aus dem Bett?
Was gibt es, das ich gerne hätt?
Was bin ich noch für andre nütze?
Wem bin ich selber eine Stütze?
Wen hab ich, um an ihn zu denken?
Was kann ich anderen verschenken?
Wem kann ich eine Freude machen?
Mit wem kann ich noch fröhlich lachen?
Wer sieht mich gern und freundlich an?
Wen hab ich, wenn ich nicht mehr kann?
Was lässt mein alter Leib noch zu?
Wo finden Leib und Seele Ruh?

mitgemacht

Ein Mensch,
er sei Frau oder Mann,
ist altgeworden irgendwann,
hat arbeitend sein Soll erfüllt,
ein Kind gezeugt, ein Kind gestillt,
ein Haus gebaut, ein' Baum gepflanzt,
hat auch gefeiert und getanzt,
war in der Partnerschaft verlässlich
und meist erreichbar, kaum unpässlich,
hat die begleitet, die er liebt,
und sich gegeben, was es gibt,
hat sich verwirklicht, war bestrebt.
Mal kurz gesagt: Er hat gelebt.

Wir neigen solche zu beneiden,
die tätig sind, des Glückes Schmied,
doch wenn man auf das Ganze sieht,
ist angebracht sich zu bescheiden,
im Wissen, dass im Handumdrehn
die Dinge plötzlich anders gehn:
ein Unfall bringt die Welt ins Wanken,
wenn wir auf einmal schwer erkranken,
wenn ein Gebrechen uns erreicht,
wenn sich der Tod ins Leben schleicht.
Der Zufall lehrt Bescheidenheit.
Nichts schützt uns vor Gewalt und Leid.
Das Leben steht bis an den Rand

nur sehr begrenzt in unsrer Hand.
Es währt im Ganzen siebzig Jahr,
und manchmal werden's neunzig gar,
und war es lebenswert und köstlich,
dann war's mal Arbeit, war's mal festlich,
es ist ein Kommen, wieder Gehen,
so lässt das Psalmwort sich verstehen.
Es dreht sich um, eh man's versieht.
Uns bleibt nur dieses alte Lied:
Bis hierher hat uns Gott gebracht.
Ich habe dabei mitgemacht.

Die Kräfte des Alters

Mit sechzig kann man fast noch alles -
im Falle des bewussten Falles.
Ein Irrtum, wenn du denkst, das gibt sich,
es regt sich in dir auch mit siebzig.
Mit achtzig, neunzig, glaub mir das,
rührt sich noch immer irgendwas.
Zeitlebens gären unsre Säfte.
Nur manchmal fehlen halt die Kräfte.

Alterspläne

Ein Mensch,
ein wohlbedachter Mann,
kommt einstags in der Rente an.
Er fragt nach seinem Lebenssinn:
Was ist jetzt noch im Leben drin?
Ich bin noch jung, kaum über sechzig!
Nichts tun, denkt er, macht krank und rächt sich.
Ich muss noch keine Kräfte sparen,
ich mach noch was aus meinen Jahren.
Ich habe Zukunft, habe Pläne,
nach denen ich mich lange sehne,
ich fühle mich noch voll im Saft,
ich habe noch für alles Kraft,
für mich gibt's noch kein Ausruhn, Rasten,
ich hab noch etliches im Kasten!
Die Arbeit liegt jetzt hinter mir,
nun öffnet sich die Freiheitstür,
jetzt bau ich mir die eigne Welt,
jetzt mache ich, was mir gefällt,
ich fang mit Lust was Neues an,
was ich noch länger pflegen kann,
ich engagiere mich mit Kraft,
für etwas, das was Gutes schafft,

erweitere mich in neuen Kreisen,
bilde mich fort auf schönen Reisen,

ich schmiede Pläne, habe Ziele,
ach Gott, so große und so viele.

Es hat ihm, das ist schnell erzählt,
der Krebs plötzlich ein Bein gestellt
und machte seine Pläne nichtig.
Was ist mir, fragt er sich, jetzt wichtig?

Fragen ans Alter

Ist nicht das, wonach wir streben,
ein erfülltes, langes Leben,
dann bei Näherem besehn
manchmal gar nicht mehr so schön?

Ist nicht Arbeit unser Leben?
Hat man alt noch was zu geben?
Ist nicht schrumpfen dann das Ziel?
Nichts tun? Oder nicht mehr viel?

Wird statt zu kämpfen, zu gewinnen
Zeit uns durch die Finger rinnen?
Muss ich lernen zu verpassen,
anderen den Vortritt lassen?

Wird auf meine alten Tage
Leben mir zur Dauerplage?
Immer weniger zu können,
permanent zum Arzt zu rennen?

Erwartet mich bis zur Versenkung
stetig wachsende Beschränkung?
Sagt der Leib nicht: jetzt ist Schluss?
Dass ich mich ergeben muss?

Heißt nicht Altsein, pack die Sachen?
Anderen den Platz frei machen?
Überflüssig sein und dann
warten bis man nicht mehr kann?

Gingst, mein Freund, du nicht viel lieber
froh und lebenssatt hinüber?
Vielleicht, stattdessen, bis zur Bahre,
warten auf dich schwere Jahre.

Diese Einsicht, stell dich dem,
ist in Wahrheit nicht bequem.
Glücklich altern? Ach, von wegen!
Altsein ist zumeist kein Segen.

Alte Wunden

Sind wir auch alt, sind wir nicht quitt.
Wir nehmen immer alles mit.
Den Körper zeichnen seine Wunden,
und unsre Seele ist gebunden

in das, was uns die Jahre füllte,
das Sichtliche wie das Verhüllte,
was uns beglückte und gelang,
was uns bedrückte und versprang.

Zu Anfang unbeschwert, gesund,
stößt jeder sich am Leben wund
und schaut vielleicht enttäuscht zurück,
nimmt er das Bittere in Blick.

Er sucht womöglich, doch vergebens,
die Rückwärtstaste seines Lebens
und drückt sich vor der Tat mit List,
dem zuzustimmen, was er ist.

Am Ende

Wem die Gnade wird gegeben,
dem schenkt Gott ein langes Leben.
Stirbt nicht alt und lebenssatt,
reich gesegnet, wer es hat?

Alt und weise wolln wir werden.
Gern verschweigt man die Beschwerden,
spricht von Glück mit leichten Sprüchen,
statt von Bitterkeit und Flüchen.

Unser Ende, wie wir's drehn,
ist weiß Gott nicht immer schön.
Trostlos sind die Alterstage,
wirst du selber dir zur Plage.

Ob im eignen Haus geblieben,
angewiesen auf die Lieben,
ob ins Altersheim gebracht,
schlecht versorgt und gut bewacht –

irgendwann bist du nur Last,
weil du nichts zu geben hast.
Kannst du erst mal nicht mehr laufen,
kannst du auch für Geld nichts kaufen,

alles Sammeln und Gewinnen
wird dir durch die Finger rinnen,

wartest, dass die Zeit verdöst
und das Ende dich erlöst.

Was wir haben, was wir lassen,
wird in eine Urne passen.
Langes Leben, ach, von wegen!
Selten fühlt sich's an wie Segen.

Zeit

Was waren das für Zeiten,
als man beizeiten,
rechtzeitig,
zeitnah
das Zeitliche segnete,
eh sie sich die Zeit
zu dehnen begann,
als sie noch beides war,
Arbeits- und Lebenszeit zugleich –

was sind das für Zeiten,
in denen Zeit Mangelware geworden ist
und Fehlzeiten drohen,
in denen Zeit vor allem Geld-Zeit ist,
die das Leben in Takte spaltet,
indem die Stechuhr sich wandelt
zum inneren Zeitmanagement,

und schon Kinder eine Uhr tragen
und ein Handy mit Zeitansage –

Was kommen für Zeiten,
wenn sich der gewohnte Zeitdruck
abrupt verkehrt,
wenn unsre Zeit aufhört
effektiv und produktiv zu sein,
wenn man sie totschlagen muss,
weil sie nicht vergeht,
wenn sie vor der Glotze
zum Zeitvertreib verkommt,
wenn sie sich leergelaufen hat
und nur noch Wartezeit verbleibt?

Anfang und Ende

Es würden manche, hör ich sagen,
am Ende wieder wie die Kinder.
Schau diesen hochbetagten Baum.

Zwar sind der Anfang und das Ende
aus einem Stamm gewachsen.
Im Holze bleiben sie sich nah und gleich.

Doch, frag ich, biegt die Krone sich,
und werden ihr auch irgendwann die Äste schwer,
zurück als würde sie ein Sprößling?

Der Stamm, gezeichnet von der Zeit,
gezaust vom Sturm, vom Moos besetzt,
behält er denn nicht seine Würde?

der alte Vater

Im Krankenzimmer liegt
nach einem Sturz
schon fast genesen
der hochbetagte Vater,
zwar für sein Alter rüstig,
aber leicht dement.
Die Frau starb ihm voraus.
Die Kinder springen ein.
Von der Visite
auf den Gang geschickt,
hör ich sie reden.
Sie haben es nicht leicht.
Das Geld reicht nicht
fürs Altersheim.
Sie müssen sich
in die Betreuung teilen.
Man dürfe ihn
nicht aus den Augen lassen,
er wolle alles selber machen,
man müsse aufpassen auf ihn
wie auf ein Kind.

Ihr Satz,
nur nebenbei gesagt,
klingt in mir nach.
Ist es denn so:
Kehrn wir zurück

und werden wieder Kinder
und rundet sich der Kreis?
Wir schwinden, nehmen ab,
verlieren Kraft.
Wir möchten noch
und können leider nicht,
und ungeduldig
kürzt man uns die Wege
und nimmt uns
aus der Hand,
was uns nicht gut gelingt.
So mancher Alte kann
nur schweigend protestieren,
und störrisch
wird er pflegeschwer
und wird am Ende
behandelt
wie ein Kind.

Im Nebenzimmer

Sie reden über ihren Vater,
der im Nebenzimmer liegt.
Störrisch sei er,
folge nicht den Ärzten,
er äße nicht genug,
und ihre Blumen
und das mitgebrachte Obst
verschmähe er,
und was sie ihm empfählen
nähme er nicht an,
und überhaupt
sei er nicht dankbar,
wo sie doch
immer nach ihm sähen,
manchmal beinah jeden Tag,
und jedenfalls sooft es geht
was weiß Gott nicht einfach
zu organisieren sei
bei ihren Wohnorten
und Verpflichtungen,
und wo sie sich doch
alle Beine ausgerissen hätten
ihn hierher zu bringen,
da kommt nicht jeder hin,
ein hervorragendes Haus
und kompetentes Personal,

und auch nicht billig,
und überhaupt.

Vielleicht,
sagt die Tochter,
die am Ort wohnt,
berappelt er sich ja,
er müsse nur die Medizin,
und dann könne er,
wer weiß,
vielleicht noch ein, zwei Jahre –
Es gehe sicher bald zuende,
sagt der Ältere,
von weiter Angereiste,
es wäre besser für ihn, sagt er –
Ich weiß nicht,
sagt der Jüngste,
der immer noch studiert.

frommer Wunsch

Ein frommer Wunsch,
die Augen einst zu schließen
wie die letzten Seiten
eines Buchs,
das gut zuende kommt.

Kommt es denn
darauf an,
wie unser Ende ist?
Kann denn das Ende
das schönen
oder löschen,
was gewesen ist?
Sind wir denn nur
und bleibt von uns
die letzte Seite?

Endliche Wünsche

Ich weiß, es wird bald Zeit
den letzten Gang zu tun.
Ich wünsche mir, ich könnte gehn,
solange ich bei Sinnen bin,
bevor ich nichts mehr kann
und nur mir selbst zur Last
und euch, die ihr mich pflegt,
nur müdes Fleisch.

Ich wünsche mir,
ich könnte dieses Leben lieben
bis zum Schluss.
Ich wünsche mir den Mut,
mit offnen Worten geradeaus zu reden.

Ich wünsche mir auch Menschen,
die mich begleiten und berühren
wenn meine Zeit gekommen ist.

Das ist mein Wunsch,
dass ich im Guten gehe,
und ohne Groll loslassen kann,
was mich bedrückt und was mir nicht gelang.
Ich wünsche mir,
ich könnte versöhnlich meine Augen schließen,
eins mit mir selbst
und auch mit denen, die mir wichtig sind.

Am Ende, wenn die Trennung naht,
wär es mein letzter Wunsch,
dass ich, womöglich ohne Schmerzen,
zwar wissend, aber ohne Angst
die allerletzten Schritte tu,
und heiter meinem Tod entgegen geh
wie einem altbekannten Freund.

An meinen Freund, den Tod

Tod, du bist mein Freund.
Gehörst zu mir nicht anders als mein Leben.
Wie ich das Leben einst geschenkt bekam und nahm,
weiß ich, dass du am andern Ende auf mich wartest.
Dann stimme ich dir zu.

Vielleicht kommst du zur Unzeit,
wenn keiner dich auf seiner Rechnung hat;
vielleicht kommst du zu spät, zu mühevoll:
dann will ich trotzdem dich empfangen,
so wie man einen Freund begrüßt.

Ich will dir folgen ohne Widerspruch
und mit dir gehn wie alle, die schon gingen.
Ich sage ja und tauche wieder ein
in jenen großen Kreislauf allen Lebens,
das immer neue Werden und Vergehen.

Noch eine Weile bleibe ich lebendig
in denen, die mich lieben
und die mit mir verbunden sind;
danach verblasst und setzt sich die Erinnerung,
und alles kommt zur Ruhe.

Tod, alter Freund

Tod, alter Freund,
so lange gehn wir schon zusammen,
in angemessener Entfernung.
Bisweilen kamen wir uns näher,
blinzelten uns zu
wie zwei, die ein Geheimnis haben.
Ich habe nie gezweifelt,
dass wir zusammengehören.

Ich fiel ins Leben,
als es mir gegeben wurde,
ich trug nichts dazu bei
und hatte nicht die Wahl,
aber ich nahm es mir mit Eifer
und machte,
was mir möglich war, daraus.

Nun gehe ich, die Zeit ist reif,
und habe wieder keine Wahl.
Ich lasse alles hinter mir
und nehme gar nichts mit.
Tod, alter Freund,
du hast mir eine Weile Zeit gegeben.
Danke.

Sterbegebet

Mein Gott,
mach meine Seele weit,
damit ich friedlich gehen kann.
wenn mich der Tod anspricht.
Lass mich ihm wach entgegensehn.
Schenk mir Gelassenheit,
ihm ohne Widerspruch zu folgen,
wenn meine Zeit gekommen ist.

Mein Gott,
mach meine Seele weit,
damit ich, die mir lieb und nahe sind,
im Guten ziehen lassen kann.
Schenk mir noch Kraft für freundlichere Worte,
damit ich, wo es an mir liegt,
versöhnlich aus dem Bilde geh.

Mein Gott,
mach meine Seele weit,
dass ich, versöhnt auch mit mir selbst
mich nehmen kann, wie ich geworden bin.
Gib mir die Einsicht und den Mut,
das, was mir schwerfällt, was mir nicht gelang
und was ich schuldig blieb,
in Demut anzunehmen.

Mein Gott,
mach meine Seele weit,
wenn es mit mir zuende geht,
und fülle sie mit Frieden.
Bleib du mir nah,
wenn alle Ungeduld verklingt,
und lass mein unermüdlich reges Herz
bei dir zur Ruhe finden.

Haben und Sein

Am Anfang eilst du wild nach vorn,
willst weiter, willst gewinnen.
Du sammelst, wählst, richtest dich ein,
du mehrst und geizt
und du bewachst, was du dir schufst.
Am Anfang geht's ums Haben.

Am Ende gibst du widerwillig ab,
versuchst zu halten, was noch geht,
beargwöhnst deinen müden Leib,
bangst um den Platz, der enger wird:
am Ende musst du alles wieder geben.
Am Ende geht's ums Sein.

Tod und Leben

Am Ende werde ich verstehn.
Als Spielball von Gewalten,
so komme ich und werde gehn
und kann mich selbst nicht halten.

Was immer je ins Leben kroch,
wird spurlos mitgerissen,
verdampft in einem schwarzen Loch
und mit ihm alles Wissen.

Zum Schluss ist alles ausgesagt,
kein Feilschen, Kämpfen, Streiten.
Es löst sich auf die große Jagd
im Nahen und im Weiten.

Was mich bedrückt, mich treibt und rennt,
hört alles auf zu eilen.
Es fällt zusammen, was uns trennt
und kann am Ende heilen.

In diesem einen Augenblick,
wenn wir uns ganz ergeben,
nenn es Vernichtung, nenn es Glück,
verschmelzen Tod und Leben.

Verzeichnis der Gedichte

(Neben den Titeln der Gedichte werden auch die Gedicht-Anfänge, soweit sie mit dem Titel nicht identisch sind. in *kursiv* aufgelistet.)

Abel und Kain	104
Abschied	41
Ach du so leicht	33
Ach was Liebe	60
Ach würde dieser Augenblick	181
allein	59
alles wächst	97
Alles was ist hat Geschichte	140
Als du gegangen warst	40
Als einst wir in der Wiege lagen	186
Als ich geboren wurde	202
Als ich mich leergestritten hatte	45
Als stündest du im Nebel	76
Alte Wunden	231
Alter und Jugend	316
Altersfragen	325
Alterspläne	328
Am Anfang eilst du wild nach vorn	345
Am Anfang schauten wir	88
Am Anfang war kein Wort	53
Am Ende	332
Am Ende jeden Tages	279
Am Ende werde ich verstehn	346
Am Horizont verglimmt der Tag	241
Am Rande	56
Am Wasser	143
Am Wickeltisch zeigt sich's schon an	221
An meinen Freund den Tod	342
Anfang und Ende	335
Angleichung	311

An manchen Tagen	37
An Weihnachten versichern wir uns	86
Auf bloßer Haut	10
Auf ein Glas Wein	271
Auferstehung	233
Auf Sylt, ein großer Sommer war's	13
Aus dem Bild gefallen	37
Ausgelaufene Liebe	34
Ausgesetzt im dunklen Wald	50
Bedürfnislose Gottsucher	172
Berührung	18
Besser, ich wäre anders	198
Bin ich nur Laune der Natur	135
Bist du der, auf den wir sehnlich warten	72
Bist du jung, brennst du wie Zunder	320
Bist du zufrieden	192
Blau blüht das Kraut Vergissmeinnicht	213
Blindschleiche	77
Bruder Franziskus	175
Buche liebe Buche	264
Buchengeschichten	252
coram deo	285
damals	168
danach	62
Das Alte und das Neue	136
Da saß ich neulich in der ersten Frühlingssonne	310
Das Dunkle geht	287
Das Eheleben saugt die Kraft	55
Das Flüstern der Hoffnung	128
Das Geschlecht	202
Das Glück zu fassen	178
Das Gute und das Böse	168
Das Haar	21

Da sitz ich in der ersten Sonne	236
Das kleine Einmaleins der Liebe	9
Das Kohl-Sonett	55
Das Leben braucht mein Zutun nicht	158
Das Leben sei ein Kampf	120
Das Leben schöpft aus dem	136
Das schwächere Geschlecht	28
Das schwierige Erbe	167
Da stehn sie hingestellt und hergemacht	225
Das Wollschwein	292
Davon	18
Déja vu	33
Dem, der mit Groll nach hinten schaut	211
Der alte Vater	336
Der Augenblick	181
Der Buddha	183
Der Dämon	123
Der Dichter	308
der fluss	215
Der Himmel tobt sich aus überm Ahrtal	126
Der Kreisel	137
Der Iwan lauert auf dem Ast	290
Der letzte Halm	45
Der Kater Iwan, wenn er kann	290
Der Mann	224
Der Mensch	128
Der Preis	138
Der Schlaf der Ungerechten	280
Der Schnee kam über Nacht	248
Der Tag geht aus	283
Der Verlust des Sehens	77
Der Wassermann	292
Der Weg	15

Der Wiedehopf	292
Des Körpers ewiges Getriebe	136
Die alte Buche	261
Die andere Wahrheit	42
Die Frauen	227
Die Gnade des Himmels	287
Die Hälfte des Himmels	222
Die Hände meiner Mutter	10
Die Jüngste, sanft mit langem Haar	207
Die Kräfte des Alters	327
Die Leiden des Herrn	57
Die letzte Generation	101
Die Männer werden in den Krieg geschickt	228
Die menschlichste Errungenschaft	303
Die Möwen	13
Die schöne Welt der Frau	225
Dieselbe krude Geschichte	30
Die Tauben in der dicken Buche	263
Die Tränen der Not	214
Die Tür	210
Die unserer Erde Gewalt antun	100
Die Wahrheit	188
Die Welt	313
Die Welt ertrinkt im Weiblichen	57
Dir, von dem ich komme	285
Divers	199
Die zerfetzten Fassaden Mariupols	108
Dornröschen	46
du bist gegangen	44
Du fragst, warum jetzt diese	23
Du gehst, ich gehe	43
Du hast gefragt	27
Du kämst vom andern Sterne	15

Du siehst sie schon von Weitem stehen	258
Du stehst nun schon	252
Echo	205
Ein Dämon	123
Eine kurze Geschichte der Blindheit	75
Ein halbes Jahrhundert sind sie verbunden	61
Ein ganzer Kosmos voll Gesang	270
Ein Kriegerdenkmal	227
Ein Mädchen wuchs in Lummerland	52
Ein Mann, sei er dümmer	224
Ein Meisenpärchen baut sein Nest	291
Ein Mensch, ein wohlbedachter Mann	328
Ein Mensch erkennt sich an der Kraft	123
Ein Mensch, es sei Frau oder Mann	326
Ein Mensch, es trifft Mann oder Frau	317
Ein Mensch, gesetzt, er wäre sechzig	318
Ein Mensch, gleich, ob als Mann, als Frau	323
Ein Mensch, selbst wenn sie ihn erschlügen	123
Ein Mensch, von Hass und Wut getrieben	211
einschlaflos	273
Endliche Wünsche	340
Entscheidung	21
erblindend	76
Erbschaft	165
Erfroren	40
Erkennen	53
Erste Liebe	11
Es flog mich an aus Weiten	214
Es ist wie damals	32
Es kämpfte Jakob einst am Jabbok	71
Es schenkt uns gnädig jeder Tag	287
Es sind leider, muss ich mich dessen schämen	177
Es stürzt mit Ungestüm sich in das Leben	316

Es tanzt der Frühling vor mir her	234
Es trennt den Menschen von den Affen	183
Es trug Johannes einst am Jordan	172
Es war auf Kritters Kopf	11
Es war dein leichter Gang	29
Es war ein langer Weg	138
Es war einmal im Kohl	293
Es würden manche, hör ich sagen	335
fliegen	215
Fragen ans Alter	329
Fragen beim Lesen neuer Gedichte	306
Frauen werden oft besungen	217
Friedlich	118
Frischer Schnee	217
frohe Botschaft	72
Frommer Wunsch	339
Früher Herbst	245
Frühling	234
Frühling mit Roswitha	237
Fühling	235
Fünf Millionen Jahre	96
Gebet am Tagesende	215
Gebet zur Nacht	283
Geboren aus Leben	**134**
Geboren bin ich irgendwann	209
gebranntes Kind	206
Geld	171
Geliebte Buche	266
Generation Pidgin	307
Geschichten vom Krieg	113
Geschichten vom Kater Iwan	289
Gesichter der Nacht	269
Gewagt	30

Gezeugt von Leben	132
Gezwister	200
Glasklar das Meer	241
Glück	177
Golm	114
Gott	88
Gott, ein langer Tag liegt hinter mir	271
Gott, fassbar und verborgen	284
Gottmüll	90
Gott, vor dir	272
Groll	211
Haben und sein	345
Händler, nicht Krieger	125
Handstreich	96
Hänsel und Gretel	50
Hass	211
Hass färbt das Gesicht	211
Hau ab	34
Heillose Welt	112
Heiße Liebe	26
Herbst	246
Hier und jetzt	178
Hitzkopf	177
Hörst du nachts die Katzen schrein	291
Hochbetagt und würdevoll	261
Homo faber	123
Huckepack	308
Ich alter Esel	308
Ich bin da	131
Ich bin geduldig	197
Ich gebe zu	57
Ich glaube	81
Ich glaube, dass es Menschen gab	80

Ich glaube nicht	83
Ich glaube und ich bin gewiss	84
Ich hab den Sommer noch im Blut	245
Ich habe geträumt	17
Ich habe deinen Schlaf behütet	18
Ich kann es nicht, schreit das verletzte Kind	128
Ich kann, sagt er, den Kinderquatsch nicht hören	90
Ich kenne diesen Weg genau	15
Ich kriege dich	118
Ich lebe	141
Ich nennte es Liebe	8
Ich pflückte eine Blüte	18
Ich träumte einst, ich könnte fliegen	215
Ich werde, hab ich dir gesagt	62
Ich warf dir Kusshandgrüße	20
Ich weiß noch	21
Ich weiß, es wird bald Zeit	340
Ich widerspreche euch	100
Ich zeuge für die Wahrheit	188
Ihr Haar so hell	21
Ihre Majestät die Buche	258
Im Kohl	293
Im Krankenzimmer liegt	336
Im Nebenzimmer	338
In den Wiesen	9
In den Wiesen vor dem Wehr	93
In die Zeit gefallen	140
In einem anderen Land	124
In irgendeiner lauten Kneipe	23
Invasion	248
Ist nicht das, wonach wir streben	329
Ist wirklich krieg	106
Jahrzehnte hieß es knapp und zack	293

Jakob am Jabbok	71
Jedem Teil dieser Erde	94
Jesus	80
Jetzt muss ich gehen	41
Jetzt schalt mal um	119
Kann sein, dass manche Lippen	32
Karfreitag	232
Karussell	38
Kein Ding, kein Wesen hat es in der Hand	153
Kerzengrade tanzt er	137
Kind des Lebens	132
Körperwahrheit	36
Köstliche Nacht, wirst mir nicht lang	270
Kränkst du den Kater Iwan	290
Krieg	108
Kriegsgräberstätte Golm	114
Kusshandgrüße	20
Lass, was vergangen ist, ziehen	183
Leben	133
Lebensbekenntnis	84
Lebensregeln	185
Lebenszeichen	134
Liebe und Hass	39
Liebeslied	61
Lob der Hängematte	186
Löwenzahn	93
Lüge und Wahrheit	191
Lummerland	52
Mal schreit sie laut	311
Manchmal habe ich mein Leben satt	191
Männliche Lebensalter	121
Mann sein	217
Man sieht es ihm nicht an	79

Mein Gott, mach meine Seele weit	344
Mein Gott der Wetter und der Winde	240
Mein Gott, du schenkst mir den Tag	273
Mein Leben ist ein Betrug	205
Mein Leib, Verstand und Sinn	28
Mein Platz	135
Mein Vater hat geschwiegen	117
Meist wird der Mensch nicht gerne alt	320
Mensch und Hund	310
Menschen, Namen, Zeiten, Orte	19
Merksprüche	312
Mir ist, tönt Helmut Kohl	326
Mit einem Felsen, nah am Bach	143
mitgemacht	55
Mit sechzig kann man fast noch alles	327
M-Monolog	63
Morgendliche Selbstversicherung	257
Morpheus	275
Nacht	271
Nachtasyl	244
Nacht der Dunkelheiten	269
Nächtliche Reisen	276
Nächtliche Revue	279
Nächtliche Ruhestörer	277
Nächtliche Schrecken	274
Nähe und Distanz	54
Naturposse	241
Neue Zeiten	213
Nicht angelockt, angerülpst	306
Nicht gewollt	208
Nicht sehen wollen	213
Niemand weiß, wie ich heiß	212
Niemanden sonst	59

Nimm an	31
Nimm an, du lägst mit mir im Bett	31
Noch einmal	17
Nun geht das Jahr	246
Nur verschieden sind wir uns verbunden	75
Öffne mir, wertester Morpheus	275
panta rhei	142
Prinzessin Seidenblick	207
Rapunzel	48
Regenbogen	126
Reglos verschränkt	56
Reichtum	170
Röschen schläft in Dornenhecken	46
Rückwirkung	211
Rumpelstilzchen	212
Sagt euch ein klares Ja	9
Schnee	248
Schon wieder meldet sich ein neues Jahr	232
Schubidubidu	15
Schunkelsuse	60
Schweigezeit	117
Sie blieb allein zurück	253
Sie ist nicht fein	220
Sie kamen unbemerkt	248
Sie kamen sich abhanden	34
Sie reden über ihren Vater	338
Sind wir auch alt, sind wir nicht quitt	331
Sechzig	318
So geht es den Braven	280
Sommergedicht	240
Sommers gehen wir in die Wiesen	9
Sommertraum	241
Soweit bekannt hat nichts Bestand	142

Spiegelblick	323
Sterbegebet	344
Stille Welt	79
Streicht die Iwan um die Beine	291
Täter und Opfer	228
Tod, du bist mein Freund	342
Tod alter Freund	243
Tod und Leben	346
Über das Altern	320
Über das Kämpfen	129
Und eines Tages stehst auch du vor deinem Dichter	307
Unaufhaltsam füllt die Erde sich	97
Unsere Buche	253
Unsere zusammengerückte Erde	112
Unerschöpfliche Energie	133
unter unserer buche	260
Urlaub	57
Variationen über das Ja	294
Variationen über das Nein	297
Variationen über nichts	299
verbunden	94
Vergangnen Winter sind die Augen	40
Vergissmeinnicht	214
verloren	208
vertrieben	282
Verwandlung	35
Vom Altwerden	117
Vom Eheleben	55
Vom Sprechen	303
Vorbei	43
Vor dem Schirm	119
Wann immer Erbschaft uns erreicht	165
Warum du	23

warum wieso weshalb	311
Was auf mich kam	53
Was dir geschah, kommt auch zu mir	167
Was es war	29
Was gut tut	174
Was ich nicht glaube	83
Was Leben schafft	174
Was soll ich sagen	38
Was waren das für Zeiten	333
Weiblich	220
Weihnachten, Ostern und Pfingsten	86
Weißt du noch	26
Wem die Gnade wird gegeben	332
Wenn aus dem Jahr die Winterkälte weicht	233
Wenn das dunkle Jahr sich neigt	237
Wenn die Kuckucks erstmals riefen	235
Wenn ich am blühenden Feldrand	16
Wenn ich bisweilen Pause mache	260
Wenn ich dich anseh	28
Wenn ich dies Reißen fühle	8
Wenn ich nicht weiß	35
Wenn nicht jetzt, wann dann	101
Wenn's kracht	111
Wer bin ich, soll ich sein	276
Wer ich bin	194
Wer ich nicht bin	196
wessen erde	95
Widersprecht denen, die Waffen nehmen	125
Wie einfach sich im Hier und Jetzt	178
Wie ganz ausgemessen	95
Wie glücklich lebt es sich als Tier	180
Wie können wir schlafen in Zeiten des Kriegs	274
Wie lange ist mir noch gegeben	325

Wie leicht lebt sich's im Augenblick	177
Wie oft hab ich auf diese Tür gestarrt	210
Wie Schicksal kommt es über uns	42
Wir kamen uns, ich weiß nicht wie, abhanden	36
Wie du mich gewannst	27
Wir gleichen uns an	311
Wir waren und bleiben ein Leben lang	200
Wunder und Zeichen	320
Zeit	333
Zerbrochene Worte	44
Zombi	209
Zufrieden	192
Zu kurz gefurzt	312
Zustimmung	158
Zwei	23
Zweierlei Glück	178
zweifel	16

Ingram Content Group UK Ltd.
Milton Keynes UK
UKHW020703050623
422889UK00017B/2122